本书是教育部人文社会科学研究项目《高校科研向企业创新的溢出效应评估与影响机制研究》（项目批准号：20YJA790086）的研究成果。

经济政策不确定性与微观企业行为研究

刘庭竹 / 著

中国人民大学出版社

· 北京 ·

图书在版编目（CIP）数据

经济政策不确定性与微观企业行为研究/刘庭竹著. --北京：中国人民大学出版社，2020.10
ISBN 978-7-300-28666-2

Ⅰ. ①经… Ⅱ. ①刘… Ⅲ. ①经济政策—影响—上市公司—企业行为—研究—中国
Ⅳ. ①F279.246

中国版本图书馆 CIP 数据核字（2020）第 192845 号

经济政策不确定性与微观企业行为研究
刘庭竹 著
Jingji Zhengce Buquedingxing yu Weiguan Qiye Xingwei Yanjiu

出版发行	中国人民大学出版社		
社　　址	北京中关村大街 31 号	**邮政编码**	100080
电　　话	010－62511242（总编室）		010－62511770（质管部）
	010－82501766（邮购部）		010－62514148（门市部）
	010－62515195（发行公司）		010－62515275（盗版举报）
网　　址	http://www.crup.com.cn		
经　　销	新华书店		
印　　刷	唐山玺诚印务有限公司		
开　　本	720 mm×1000 mm　1/16	**版　　次**	2020 年 10 月第 1 版
印　　张	11.75　插页 1	**印　　次**	2024 年 5 月第 2 次印刷
字　　数	202 000	**定　　价**	72.00 元

前　言

随着经济全球化趋势的加深，中国经济与世界经济结合愈发紧密，世界经济的曲折变化和不稳定因素都在深刻影响中国经济发展。同时，中国正处在经济结构转型的关键阶段，经济政策的不确定性愈发增强。企业，作为经济活动的主体之一，一直受到外界各种环境的影响，而宏观经济政策不确定性已经构成企业经营所面临的重要外部影响因素之一。因此，经济政策不确定性对企业到底产生什么影响，影响的程度如何，就成为学者们关注的热点之一。

基于此，本书利用中国沪深A股上市企业数据，以风险厌恶理论、实物期权理论、公司治理理论、企业投资理论以及资本结构理论为基础，通过实证研究探讨经济政策不确定性对微观企业的创新活动、投资效率、存货管理、盈余管理以及资本结构调整的影响，为政府政策制定和调整、企业微观行为优化提供相应理论依据和现实参考。本书的主要研究结论如下：

第一，本书探究了经济政策不确定性与企业创新之间的关系。实证结果发现：(1) 经济政策不确定性会促进企业创新；(2) 经济政策不确定性会显著促进国有企业的创新活动，而对非国有企业的创新行为无显著影响；(3) 制度环境水平越低，经济政策不确定性对企业创新行为的促进作用越显著。

第二，本书对经济政策不确定性与企业投资效率关系的研究结果表明：(1) 经济政策不确定性与企业投资效率显著正相关；(2) 在不同产权性质下，经济政策不确定性促进企业改善投资效率的作用存在显著差异，即相对国有企业而言，非国有企业改善投资效率的能力较弱；(3) 当企业面临较差的投资机会时，经济政策不确定性将更加显著地改善企业的投资效率。

第三，本书探讨了经济政策不确定性对企业存货管理的影响。结果发现：(1) 经济政策不确定性与企业存货持有水平显著负相关；(2) 经济政策不确定性对非国有企业的存货持有水平影响更大；（3）经济政策不确定性对处于强竞争性行业的企业的存货持有水平影响更大。

第四，本书考察了经济政策不确定性对企业盈余管理行为的影响。实证结果表明：（1）经济政策不确定性的增加会激励企业采取盈余管理；（2）经济政策不确定性对成长型企业盈余管理的影响更显著；（3）这种影响具有显著的非对称效应，即对企业正向盈余管理行为产生显著影响，对负向盈余管理行为作用不明显，在区分企业成长性后依然成立。

第五，本书考察了经济政策不确定性与企业资本结构动态调整速度的关系。结果表明：（1）经济政策不确定性的确对企业资本结构的动态调整速度具有显著抑制作用；（2）这种显著作用对非国有企业的影响更大，而对国有企业的影响相对较小；（3）这种显著作用对强竞争性行业中的企业影响更大，而对弱竞争性行业中的企业的影响则相对较小。

本书的主要贡献体现在以下几方面：

第一，本书从微观企业行为中最重要的几个方面（企业创新、投资效率、存货管理、盈余管理和资本结构调整）入手，较为全面地探讨了经济政策不确定性对微观企业行为的影响，丰富了经济政策不确定性的研究范畴，提供了中国这个转型国家的现实证据。

第二，现有研究对于经济政策不确定性与企业创新之间的关系尚未得出统一的结论，且鲜有引入制度环境这一因素进行考量。本书基于中国市场环境和企业特质并引入制度环境变量进行探讨，弥补了现有研究的空白。

第三，现有文献鲜有探讨投资机会的高低在企业投资效率方面的作用，本书分析了不同投资机会下经济政策不确定性对企业投资效率的影响，具体将投资效率分为投资过度和投资不足进行细致的探讨，是对已有研究的拓展。

第四，本书探讨了经济政策不确定性与企业存货管理之间的关系，并从企业性质、市场竞争程度等不同视角探究了它们对经济政策不确定性与企业存货管理之间关系的影响，丰富了现有研究的内容。

第五，现有文献虽然考察了企业外部环境不确定性对盈余管理行为的影响，但它们大多将外部环境限定在行业范围内，忽略了宏观政策环境的影响。本书使用经济政策不确定性指数来探究宏观经济政策环境对企业盈余管理行为的影响，并进一步分析这种影响的非对称效应，弥补了现有研究的不足。

第六，本书在现有资本结构模型基础上，引入经济政策不确定性指标，构建了包含经济政策不确定性的企业资本结构广义调整模型，并在此基础上，实证检验了该模型的有效性和科学性。同时，本书进行的企业性质和竞争性行业分类也是对现有经济政策不确定性与企业资本结构研究的有益补充。

目　录
Contents

第 1 章

绪　论

1.1　研究背景和意义

1.1.1　研究背景

企业是一国经济活动的主体之一，也是宏观经济构成的重要基础。宏观经济环境对微观企业经营活动影响巨大（Korajczyk and Levy，2003；Klein and Marquardt，2006）。相比较来看，宏观经济的波动往往带有一定的突发性和外生性，宏观经济政策的调整却具有较强的主观性和可控性。尤其是2008 年金融危机之后，中国政府为了促进经济复苏与发展，先后提出了四万亿元投资计划、“一带一路”倡议、“互联网＋”等一系列宏观经济政策。这些政策的出台和实施有效地降低了全球经济危机对中国经济的影响，但同时也增加了中国经济政策的不确定性。以往，国内学者更多关注经济政策调整（如货币政策、财政政策）对企业的影响。相比较而言，经济政策不确定性对企业的影响更为隐蔽，不容易引起政府的重视，但其对一国经济的影响程度却不容小觑，甚至在特定时期，经济政策不确定性会成为经济衰退的重要推动力（Bloom，2009）。基于此，经济政策的不确定性对微观企业的影响愈发受到国内学术界的关注。

经济政策不确定性主要发生在经济主体难以预知政府今后的经济政策行为之时，具体包括无法预知政府是否改变现行政策，以及不确定政府改变现行经济政策的时间和具体举措等。目前，学术界除了采用政府换届（Julio and

Yook，2012)、政治版图衡量经济政策不确定性以外，更普遍地使用斯坦福大学和芝加哥大学联合发布的月度中国经济政策不确定性指数（*EPU*）① 衡量中国经济政策的不确定性（Baker，2013；李凤羽和杨墨竹，2015；孟庆斌，等，2017；饶品贵和徐子慧，2017）。从图 1－1 可以发现，该指数从 1995—2017 年一共出现了四次峰值，而 2008 年以后就出现了三次。第一次，2008—2009 年，全球金融危机对我国的影响逐渐加深，中央政府采取了四万亿元投资计划等一系列政策措施予以应对，但是，随着时间推移，政策效果减弱，而通胀压力攀升，中央政府的政策选择愈发陷入两难。第二次，2012 年前后，一方面，政府换届导致领导班子的风格出现明显变化，另一方面，欧债危机达到高潮，外部环境不确定性的增加开始传导到中国。第三次，2015—2017 年，2017 年 1 月达到最高峰。2015 年，中国经济的增长速度是 25 年来的最低值，另外，美国政府的换届、股市与汇市的波动也强化了人们对经济政策不确定性的担忧。

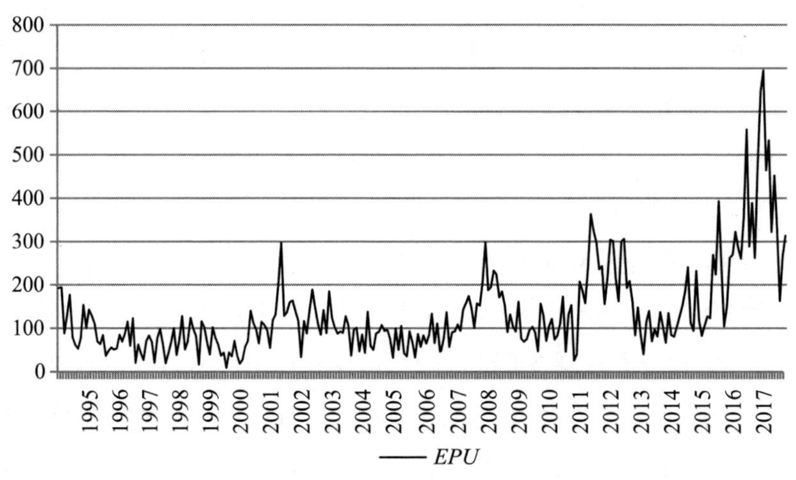

图 1－1　中国经济政策不确定性指数走势图

实际中，经济政策不确定性对微观经济主体行为的影响是表现在多方面的。直观来看，经济政策环境直接作用于企业的投资行为，进而对企业的利

① 有关该指数的详细情况请参阅本书第 170 页附录“月度中国经济政策不确定性指数介绍”。

润产生影响。国家经济政策如研发补贴、税收优惠等能够引导企业向特定方向发展，通过影响企业面临的融资约束、决策风险、信息环境等来影响企业的创新投入、产业投资等行为。一方面，经济政策不确定性可能加剧企业在创新活动中的资金不足问题，增大企业借贷的风险，抑制企业增加科技研发投入，减少企业的研发创新活动，降低企业创新的积极性与主动性（齐欣和王策，2015），但也可能环境动态性越高，企业为避免失去竞争力而谨慎主动地参与创新（Miller and Friesen，1982）。另一方面，宏观经济政策不确定性能够直接影响企业经营的外部环境，特别是企业的融资环境、市场环境等方面，这将直接作用于企业的投资行为和投资效率。经济政策的波动会显著改变企业面临的系统性风险，当企业面临的系统性风险发生变化时，企业对未来的决策和市场预期会发生改变，进而影响其投资行为（李凤羽和杨墨竹，2015）。除了直接作用于企业的创新活动和投资效率之外，进一步地，外部的经济政策环境会通过改变企业的预期和成本收益来作用于企业的经营管理活动，具体而言，存货管理、盈余管理和资本结构调整是值得引起重视的几大方面。经济政策不确定性可能影响企业的存货管理行为，存货带来的预期收益是企业持有存货的重要因素。当宏观经济政策不确定性程度提高时，企业外部融资环境变差，资金使用成本提高，企业持有存货的未来预期收益下降，持有存货的成本提高，此时企业很可能会降低存货持有量。另外，宏观经济政策不确定性对企业盈余管理的影响源于企业盈余管理水平，除了受到自身治理结构的影响外，还受到外部经营环境、政策环境的影响。应计制会计准则成为管理者为了应对环境不确定性造成的企业盈余波动而采取的主要措施之一，宏观经济政策不确定性使得企业面临的经营风险增大，也加大了未来经营风险的不确定性，为了平滑企业未来经营的绩效波动，管理层会运用应计制度来平滑企业的盈利水平，使得公司盈余具有持续性和较高的预测能力。这种平滑企业盈余的行为对管理层和投资者来说都是有利的。而资本结构是企业财务状况与投融资策略的综合反映，在企业向目标资本结构进行变动的过程中，影响投资、融资、经营等企业行为的因素都有可能对资本结构调整的速度产生影响。经济政策不确定性的提高意味着信贷风险评估的难度增大，潜在债务人和债权人之间的信息不对称现象增加，企业的融资环境恶化（Baum et al.，2009）。一方面，企业出于自身的资金需求变动考虑会主动地调整融资策略和资本结构；另一方面，由于受到政策影响，企业面对的资金供给方对待企业融资需求的态度将发生变化，企业不得不顺应环境的变化被动地改变资本结构调整的速度（Zhang et al.，2015）。

综合来看，宏观经济政策不确定性已经构成企业经营面临的重要外部风险，厘清宏观经济政策不确定性对企业行为的影响，有助于我们理解经济政策不确定性对经济影响的微观机制。具体而言，宏观经济政策的波动会改变企业面临的融资环境和决策风险等，直接影响企业的创新效率和投资效率，对企业的投资行为和利润增长发挥作用。进一步地，经济政策不确定性通过影响企业的预期和决策的成本收益来影响企业的经营管理活动，主要包括企业的存货管理、盈余管理和资本结构调整等行为。为此，本书将重点探讨经济政策不确定性对企业创新、投资效率、存货管理、盈余管理、资本结构调整这五大方面的影响，全面细致地揭示我国宏观经济政策不确定性对微观企业行为的影响机制。

1.1.2 研究意义

本书基于我国沪深A股上市公司数据，以经济政策不确定性为起点，通过实证研究探讨经济政策不确定性对微观企业的创新活动、投资效率、存货管理、盈余管理和资本结构调整的影响以及这种影响在不同类型上市公司中的差异。本书的研究将为相关学术研究提供有益补充，为政府经济政策制定提供依据，具有重要的理论和实践意义。

理论上，本书进一步丰富了现有文献研究，弥补了现有文献在结合宏观经济政策不确定性与具体微观企业行为上的研究空缺。具体包括：（1）目前鲜有文献直接探讨经济政策不确定性与存货管理、盈余管理之间的关系，且对盈余管理的影响也多限定在行业范围的经济环境，本书使用宏观经济政策环境指标，探讨经济政策不确定性对企业盈余管理行为的影响机制，并进一步分析这种影响的非对称效应，弥补了现有研究的不足；（2）现有研究对于经济政策不确定性与企业创新之间关系的讨论结论不一，且鲜有引入制度环境这一因素进行考量，本书基于我国宏观政策环境探讨了该问题，将有助于弥补现有研究的空白；（3）本书在各部分研究中，对企业性质、投资机会和竞争性行业等进行了区分，并充分梳理其理论逻辑关系，是对现有经济政策不确定性与企业行为研究的有益补充，将进一步丰富现有研究体系，为今后的研究提供一定的理论依据。

实践上，本书的研究结果有助于提高我国政府的经济政策制定效率以及为促进经济持续发展提供帮助。主要体现在：（1）本书通过实证研究了我国的经济政策不确定性对企业创新投入、投资效率的作用，为理解国有企业和非国有企业投资行为的差异提供了实证依据，所得结论将为企业改善创新成果和投资效率提供借鉴，为我国是否应积极调整政策或保证政策的持续性提供思路；（2）本书基于我国沪深A股上市公司数据，深入探讨了经济政策不确定性对企业的存货管理、盈余管理和资本结构调整等的影响，并从企业性质和市场竞争程度等多方面进行了进一步的考察，结合我国现实情况提出了一定的政策建议，这将为促进我国经济健康持续发展和改善微观企业运营状况提供重要的参考。

1.2 研究思路与内容

1.2.1 研究思路

本书以经济政策不确定性为起点，通过文献梳理并结合宏观政策与微观企业行为，基于风险厌恶、实物期权、公司治理、企业投资以及资本结构等理论，探讨中国经济政策不确定性对微观企业行为的影响，旨在进一步拓宽现有研究，为政府政策制定和企业微观行为优化提供一定参考。具体研究思路见图1-2。

研究背景和意义
理论分析
研究假设
实证研究
实证结果分析
研究结论与建议
风险厌恶理论
实物期权理论
公司治理理论
企业投资理论
资本结构理论
经济政策不确定性
微观企业行为
企业创新
投资效率
存货管理
盈余管理
资本结构调整
H3-1：经济政策不确定性与企业创新显著正相关。
H3-2：经济政策不确定性会更显著地促进国有企业的创新活动。
H3-3：制度环境水平越低，经济政策不确定性对企业创新的促进作用越显著。
H4-1：经济政策不确定性与企业投资效率显著正相关。
H4-2：在不同产权性质下，经济政策不确定性对企业投资效率的作用存在差异。
H4-3：当企业的投资机会较差时，经济政策不确定性将更显著地改善企业投资效率。
H5-1：经济政策不确定性与企业存货持有水平显著负相关。
H5-2：经济政策不确定性对非国有企业的存货持有水平有更显著的影响。
H5-3：在竞争程度强的行业中，经济政策不确定性对企业存货持有水平的影响更大。
H6-1：经济政策不确定性与企业盈余管理程度显著正相关。
H6-2：经济政策不确定性对企业的正向负向盈余管理将产生非对称效应。
H6-3：经济政策不确定性对成长型企业的盈余管理存在更显著的正向影响。
H7-1：经济政策不确定性与企业资本结构调整速度显著负相关。
H7-2：当经济政策不确定性增加时，国有企业资本结构调整速度更快。
H7-3：经济政策不确定性对处于强竞争性行业的企业资本结构调整速度影响更大。
指标构建
经济政策不确定性，盈余管理程度，企业创新，资本结构调整速度，企业存货持有水平，投资效率等
样本选取
对沪深A股上市公司进行筛选和处理
数据搜集
国泰安CSMAR数据库、Baker等（2013）编制的月度中国经济政策不确定性指数等
模型构建
多元线性回归模型
描述性统计分析
相关性检验
多元回归分析
稳健性检验

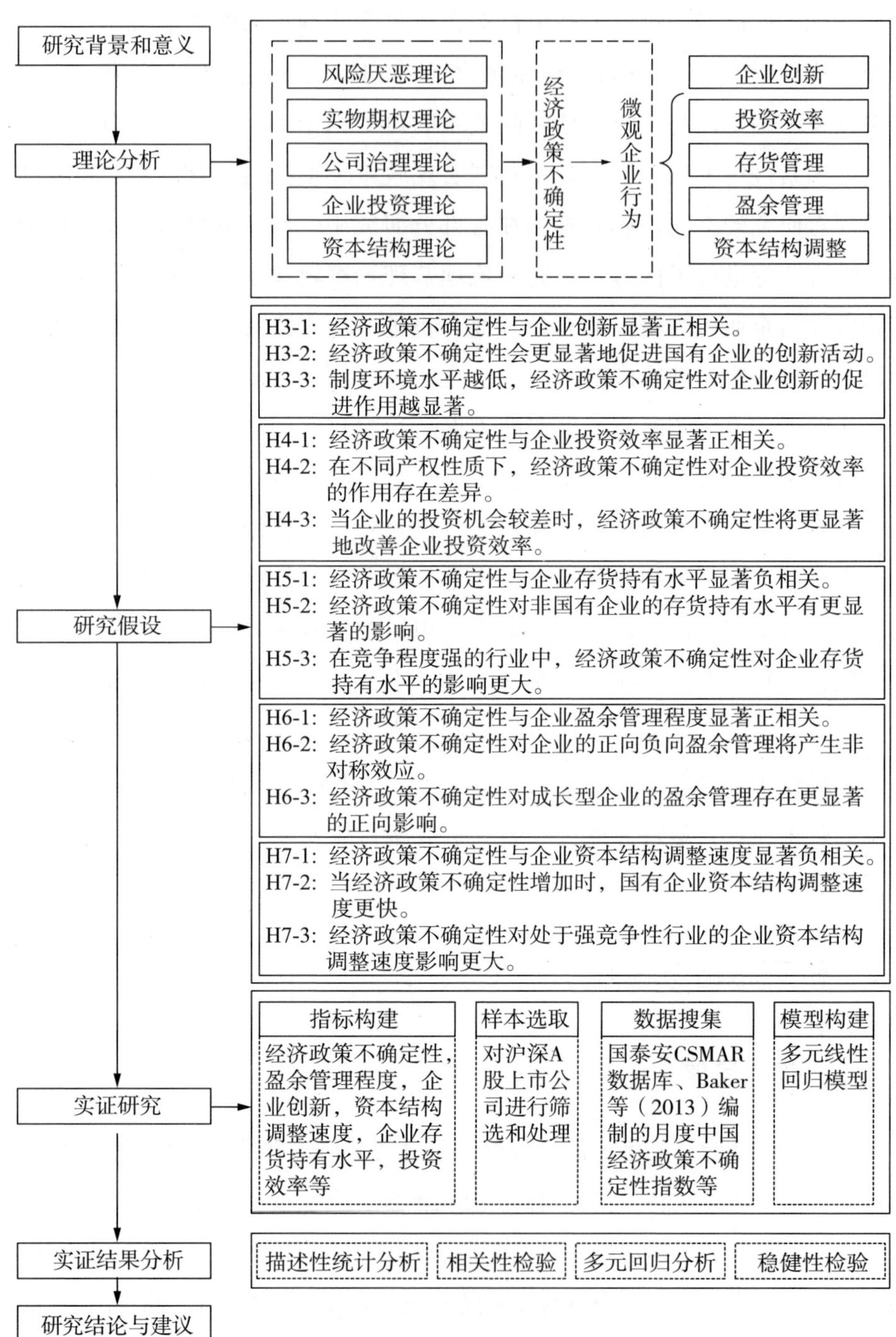

图1-2 技术路线图

1.2.2 研究内容

本书由八章构成，各章的主要研究内容如下：

第一章：绪论。主要介绍有关经济政策不确定性与微观企业行为的研究背景与意义、研究思路与内容、研究方法以及创新点和贡献。

第二章：理论基础与文献综述。在文献搜集、整理的基础上，本章首先给出了经济政策不确定性的定义。其次，提出本书所依据的理论，具体包括风险厌恶理论、实物期权理论、公司治理理论、企业投资理论以及资本结构理论等。最后，本章对相关的研究现状进行了综述。

第三章：探讨经济政策不确定性对企业创新行为的影响。本章基于中国沪深A股上市公司数据，以研发投入和专利成果衡量企业创新，探究中国经济政策不确定性与企业创新之间的关系，以及制度环境对二者关系的调节效应，并区分企业性质，对国有企业和非国有企业中经济政策不确定性与企业创新之间的关系进行检验。

第四章：探究经济政策不确定性与企业的投资效率之间的关系。本章基于中国沪深A股上市公司数据，探究经济政策不确定性与企业投资效率之间的关系，具体将投资效率的度量分为投资过度和投资不足两组。同时，考察不同产权性质下以及不同投资机会下，经济政策不确定性对企业投资效率的影响。

第五章：探究经济政策不确定性对企业的存货持有水平的影响。本章使用中国沪深A股上市公司相关财务数据和其他数据进行实证检验，探讨经济政策不确定性对公司存货管理的影响，以及在不同产权性质企业中的差异。

第六章：探讨经济政策不确定性与企业的盈余管理行为之间的关系。本章使用中国沪深A股上市公司的数据实证检验经济政策不确定性对企业盈余管理的影响，并将上市公司分为成长型公司和非成长型公司两类，考察经济政策不确定性对不同公司的影响。

第七章：探究经济政策不确定性与企业的资本结构调整之间的关系。本章利用中国沪深A股上市公司作为研究样本，基于面板数据进行实证回归分析，既检验了全样本中经济政策不确定性与企业资本结构动态调整速度的关系，又进行了分样本的检验——包括国有企业和非国有企业、强竞争性行业与弱竞争性行业两种方式的分样本。

第八章，研究结论。本章主要是对全书研究内容进行总结，并对经济政策不确定性对微观企业行为的影响得出结论。同时，提出本书的研究不足，并对未来研究方向进行了展望。

1.3 研究方法

本书研究主要采用文献研究法、理论分析法和实证研究法，在文献研究的基础上，本书对经济政策不确定性与微观企业行为之间的关系进行探讨，并考虑不同产权性质及其他因素的影响，之后建立实证模型对本书的假设进行检验。

（1）文献研究法。

文献研究法主要是在阅读文献的基础上，对国内外有关经济政策不确定性以及企业的创新行为、投资效率、存货管理、盈余管理、资本结构调整等相关研究方向和重点进行整理和总结。本书通过大量文献阅读和总结，了解现有文献研究的总体趋势，对一些具体研究方法进行思考和借鉴，对现有文献的研究成果和不足进行客观、公正的综合评价，从而明确本书的研究重点和思路，提出本书的研究意义和贡献，为本书的理论分析和实证研究奠定基础，提供文献支撑。

（2）理论分析法。

理论分析法主要是利用公司治理理论、企业投资理论以及资本结构理论等来探讨经济政策不确定性对微观企业行为的影响。基于上述理论，本书细致地分析经济政策不确定性如何影响企业的创新活动、投资效率、存货管理、盈余管理以及资本结构调整等行为，对宏观经济政策不确定性如何作用于微观企业的各种行为的逻辑关系进行梳理，在此基础上，本书提出各章的研究假设。

（3）实证研究法。

实证研究法主要是在指标构建、数据搜集的基础上建立多元回归模型。首先，本书确定研究所需的变量以及各变量的度量方法，并建立回归模型。其次，在国泰安网站等搜集数据，对指标进行计算和整理。最后，应用Stata、Eviews等软件对各个研究假设进行实证检验，采用描述性统计分析、相关性分析和多元回归分析等方法探究经济政策不确定性是否显著影响企业的创新活动、投资效率、存货管理、盈余管理以及资本结构调整等行为，并考察在不同产权性质以及其他因素的影响下，二者关系的差异。为了保证研究结论的可靠性，本书还进行了稳健性检验以保证实证结果的稳定。

1.4 本书的创新点和贡献

本书的主要创新点和贡献如下：

第一，本书从企业创新、投资效率、存货管理、盈余管理和资本结构调整几个微观企业行为角度全面地探讨了经济政策不确定性对微观企业行为的影响，提供了中国这个转型国家的现实证据，丰富了经济政策不确定性的研究范畴。

第二，现有研究对于经济政策不确定性与企业创新之间的关系尚未得出统一的结论，本书基于中国市场环境和企业特质并引入制度环境变量进行探讨，在一定程度上弥补了现有研究的空白。

第三，现有文献鲜有探讨投资机会的高低在企业投资效率方面的作用，本书分析了不同投资机会下经济政策不确定性对企业投资效率的影响，并将投资效率进一步分为投资过度和投资不足进行细致的探讨，对现有研究进行了拓展。

第四，本书探讨了经济政策不确定性与企业存货管理之间的关系，并从企业性质、市场竞争程度等不同视角探究了它们对经济政策不确定性与企业存货管理关系的影响，丰富了现有企业存货管理研究的内容。

第五，现有文献多将外部环境限定在行业范围内，忽略了宏观政策环境的影响。本书使用经济政策不确定性指数来探究宏观经济政策环境对企业盈余管理行为的影响，并进一步分析这种影响的非对称效应，弥补了现有研究的不足。

第六，本书在现有资本结构模型基础上，构建了包含经济政策不确定性的企业资本结构广义调整模型，并实证检验了该模型的有效性和科学性。同时，本文进行的企业性质和竞争性行业分类也是对现有经济政策不确定性与企业资本结构研究的有益补充。

第 2 章
理论基础与文献综述

2.1　经济政策不确定性的定义

2.1.1　经济政策不确定性的概念

在 20 世纪 20 年代，一般将不确定性定义为："在任何一瞬间，个人能创造出的那些可能被意识到的可能状态之数量"。具体而言，这种无法完全掌控的事件除了无法获取概率的不确定性之外，还有概率确定的风险。企业除了面临自身经营方面的不确定性之外，还面临着市场需求、宏观经济政策环境等的不确定性。

经济政策是政府营造企业外部经营环境的主要手段之一，也就是说，政府会通过经济政策的制定和调整来改变企业的"游戏规则"。一般来说，政府认为新政策可以相对确定地改善企业经营环境和盈利状况时，同时出于成本考量，会改变现行经济政策。但是，经济政策的改变对企业来说往往是不可预测的，或是不能完全预期的，这也就成为经济政策不确定性产生的主要原因之一（Pastor and Veronesi，2011，2012，2013）。

本书研究的经济政策不确定性，是指经济主体无法确切预知政府在未来时间改变现有政策或出台新政策的可能性。当企业面临的经济政策不确定性增加时，其决策行为也会受到一定的影响。

2.1.2　经济政策不确定性的度量

从宏观经济角度来看，经济政策不确定性主要指一段时间内国家的财政、货币或贸易政策等变动的频率高低。早前，学者们对经济政策不确定性的度量指标有利率、汇率和通货膨胀率等的变化率，以及总体的股票收益波动率（刘康兵，2011）、经营业绩波动率（邱兆祥，等，2010）等，但由于无法明晰政策波动的确切来源以及指标间的互相作用等，这些指标存在很大的局限性。

目前，学术界对经济政策不确定性的度量主要采用政府换届或官员变更（Julio and Yook，2012；Atanassov et al.，2015）、政治版图以及斯坦福大学和芝加哥大学联合发布的经济政策不确定性指数（Baker et al.，2013；李凤羽和杨墨竹，2015；孟庆斌，等，2017；饶品贵和徐子慧，2017）。在这三类指标中，政府换届和政治版图对企业行为来说是严格外生的，但在连续性和时变性上却存在着天然的缺陷。相对来看，由斯坦福大学和芝加哥大学联合发布的月度中国经济政策不确定性指数具有更好的连续性和时变性，能够更为准确有效地反映经济政策不确定性的中、短期变化和趋势。

基于此，本书对经济政策不确定性的度量也采用该指数。该指数是基于《南华早报》（South China Morning Post，SCMP）的关键词搜索，具体包括英文的关键词“经济”“政策”“不确定”“税收”“预算”等，较为全面准确地反映了中国经济政策变化的频率，并且《南华早报》作为香港和内地极具公信力的报纸，其报道具有很高的权威性且独立客观，也保证了该指标选取的可靠性。[①] 同时，相关学者利用相似的方式构建了22个国家的经济政策不确定性指数。

2.2 相关理论基础

2.2.1 风险厌恶理论

在传统理论中，风险偏好、风险中性和风险规避是三种对待风险的态度。一般来说，风险规避的定义是相对风险中性而言的。风险中性的行为由基于

① 有关该指数的详细情况请参阅本书第170页附录“月度中国经济政策不确定性指数介绍”。

发生概率的期望函数决定，而风险厌恶的效用函数体现为“凹”性，即期望效用小于实际效用。

行为金融理论认为，风险厌恶是一种普遍存在的非理性行为。其中前景理论这样解释：由于决策损失的负面效应远大于等量收益的正面效应，因而在损失和收益可能性的决策中，人们会对损失的关注大于对收益的关注，更注重如何去规避风险。行为金融理论强调了收益和损失对个体的效用存在不对等性，人们规避损失的行为导致了风险厌恶。

2.2.2　实物期权理论

期权是一种不附带义务的选择权，早期出现在金融领域，随着其应用领域的拓宽，金融期权理论逐渐被应用于实物投资，实物期权理论由此产生。Myers（1976）最早将金融期权思想引入到项目投资领域，他提出将投资机会理解为成长期权，一个投资方案的收益有两个来源，一个是目前对该方案资产的使用，另一个是对未来投资机会的选择。Kogut 和 Kulatilaka（1994）指出实物期权是项目投资者在投资过程中可使用的一系列非金融性选择权，这些选择权包括通过获得新的信息和数据来推迟或提前、扩大或缩减投资等的权利。之后，Copeland 等（2001）对实物期权进行明确定义：实物期权是以实物资产为标的物，在期权的有效期内，以预定的成本采取如延迟、扩展、转换、收缩、放弃等行动的权利。迪克西特（Dixit）等从企业角度将实物期权划分为延期期权、时间累积型期权、改变生产规模期权、放弃型期权、转换型期权、增长期权和交互式期权（任杰，2014）。

实物期权理论不只考虑了投资项目现金流的时间价值收益，还考虑了项目投资的时间价值和不确定性信息减少带来的收益，进而达到对投资项目的整体收益进行更加全面科学的评价。由于实物投资本身具有极大的复杂性，因此实物期权与金融期权相比也更加复杂，主要表现为：（1）没有公开交易价格。（2）难以明确标的资产当前价格。（3）执行时间不是确定的。Bowman 和 Hurry（1993）认为两种市场信号可以触发企业的执行选择，即机会到来和机会消失。(4) 期权的执行价格并不固定，企业执行期权时的超额收益不能得到保障。(5) 标的资产的市场特性限制风险的完全对冲。在不完全市场和半完全市场中，市场风险很难通过构造实物期权来对冲。(6) 实物资产的历史数据难以获得，收益分布需近似模拟。(7) 实务资产的红利支付很难被预先知道，如现金支付、租金收入、保险费和税费等，其金额和时间很难预测。(8) 实物期权没有赋予其持有人执行期权的专有权。实物期权来自企业，难以形成排他性，可能被其他企业抢占执行权利。(9) 实物期权间常存在关联，关联的相互作用使期权价值往往不可叠加。

2.2.3 公司治理理论

公司治理是在现代公司所有权和经营权分离的背景下产生的，是一套解决企业股东、投资者、管理者和员工利益冲突的制度安排。资产所有人拥有对资产使用方式（法律或合约未作规定的）的最终控制权。牛津大学凯尔尼·迈尔（Kelni Myaer）将公司治理结构定义为："公司赖以生存和服务投资者利益的制度安排"。公司治理内涵丰富，具体来说可以包括（全红坡，2005）：(1) 公司治理是一系列契约关系的组合，这一契约体的存在使其内部交易成本低于市场主体间进行交易所支付的成本。股东作为投资者和委托者，授权董事会监督企业；而董事会又与经理人形成委托代理关系；监事会则按照公司章程等契约对董事会和经理人行使监督权。(2) 公司治理是一种所有权和经营权分离的制度安排。公司治理的产生，是为了从制度上来保证公司相关方利益的实现。(3) 公司治理是通过分配权责利来实现权力制衡的机制。不论是基于委托代理基础还是基于产权基础，股东会、董事会、经理人都有自身对应的权利和义务。

公司治理是基于所有权与经营权相分离的代理关系产生的，这不可避免地形成了代理成本，主要源于委托人监督代理人的付出、代理人为担保委托人利益的支付，以及无法实现委托人效用最大化的剩余损失。而公司治理如董事会制度、监事会制度和管理层薪酬激励制度等，就是降低这些代理成本的制度和方法。在我国普遍集中的股权结构下，大中小股东间的利益冲突已经成为公司治理的主要问题，而有些公司是隶属于企业集团，因此研究视角也从企业内部扩展到企业外部和企业间。在不同国家间，目前研究也逐渐扩展至政治制度、法律制度、历史文化以及其他社会因素，从宏观层面解释了不同国家企业间所有制结构、治理机制和企业关系的差异。

2.2.4　企业投资理论

基于完全信息市场和理性人假设，MM 理论将企业投资决策和融资来源置于相互独立的地位。但现实中，代理成本的存在以及不完全理性问题使得上述观点并不完全成立。因此现代企业投资理论考虑到这些问题，主要从三个角度建立理论体系：

（1）基于代理冲突的企业投资理论。代理冲突可能带来投资不足和投资过度等非效率投资行为，为此需通过设计最优契约来缓解委托代理问题。目前基于代理冲突的企业投资理论主要有三种：①基于股东与经理人间的代理冲突。所有权与控制权相分离很可能使得管理层的投资效率低下，产生投资过度或投资不足（Jensen，1993）。②基于股东与债权人间的代理冲突。当企业产生负债时，使企业价值最大化的投资方案往往不能同时满足股东与债权人自身利益的最大化。之后 Jensen 和 Meckling（1979）以及 Myers（1976）指出该冲突给投资决策带来的影响：投资不足和资产替代。③基于大股东与小股东间的代理冲突。当大股东股权比例达到一定程度时，就有足够的控制权来采取对自己更有利的投资方案、控制更多的资源来满足自身利益（Dyck and Zingale，2004），可能造成投资过度等非效率行为。

（2）基于信息不对称的企业投资理论。信息不对称理论最早从二手车市场的“柠檬问题”展开研究，已经应用于微观经济学的各领域。信息不对称导致的逆向选择问题可能导致低效率投资的发生。在利益最大化的驱动下，企业倾向于投资高风险项目。债权人对这种行为存在预期，就会要求一个更高的利率，融资受阻会使企业面临较大的融资约束，加大了借贷的风险，企业不得不放弃一些投资，进而产生投资不足。

（3）基于行为金融的企业投资理论。在行为金融学框架下，非理性行为受到了重点关注。一方面，投资决策可能是公司管理者对资本市场错误定价的理性反应，强调投资者的非理性致使资本市场定价效率低下（Baker et al.，2003）。另一方面，管理决策偏差可能对公司投资行为产生影响，着重强调管理者的非理性。相比而言，后者的非理性更难以被观测，现有的研究成果也较少，是未来研究的重要方向。

2.2.5 资本结构理论

资本结构是指一个企业各资本的构成及比例。现代资本结构理论的研究始于1958年MM理论的诞生，随着其严格假设被放宽，产生了两个理论分支：Miller和Merton（1977）、DeAngelo和Masulis（1980）的税盾理论，以及Robichek和Myers（1966）的破产成本理论。于是，经典资本结构理论以MM理论为基础，通过不同条件假设和数理推理，给企业的资本结构决策提供理论基础，也给现代企业资本决策提供了研究方向。后来，不同领域的知识与概念被引入到资本结构研究中，形成以MM理论为基石的资本结构理论，主要包括以下三个分支：

（1）基于信息不对称的资本结构理论。信息经济学的概念在20世纪70年代后期被引入到资本结构研究中。在各种委托代理关系下，企业不同经济主体之间容易产生信息不对称，使得它们在融资或投资决策时所掌握的信息不一致，进而影响企业的资本结构。基于信息不对称的资本结构理论，学者们继而提出的代理成本理论、信号传递理论以及融资优序理论等得到广泛应用。

（2）基于控制权的资本结构理论。20世纪80年代起，西方国家企业间的兼并与收购活动逐渐兴起，于是公司控制权理论开始被应用于解释企业资本结构的变化。在大股东的控制下，经理人的投融资决策很可能受大股东的操控，进而作用于企业的资本结构。

(3) 基于产品市场竞争的资本结构理论。早在 20 世纪 80 年代中后期，产业组织理论就被用于解释企业融资与产品市场之间的关系。产品市场竞争会影响企业未来经营现金流，进而对企业资本结构产生影响。但实际中产品市场竞争与资本结构究竟存在怎样的关系还未形成统一的结论，主要是源于市场竞争理论模型的不统一，以及不同企业间的差异。

2.3　文献综述

2.3.1　经济不确定性和政策不确定性

目前国内外有关经济政策不确定性领域的研究已有一定基础，包括经济政策对企业投资、个人消费、社会就业、资本市场等的影响，具体涉及的范围从个人到企业，再到宏观经济。从现有研究来看，经济不确定性与政策不确定性通常被分开研究。

1. 经济不确定性的相关研究现状

基于风险厌恶理论和实物期权理论，不确定性实质指的是一种客观的风险和损失，毫无疑问会对企业、社会经济等产生一定的负面效应（Bloom，2014；Bloom，2009；马续涛和沈悦，2016）。

风险厌恶理论认为，风险厌恶是一种普遍存在的非理性行为。由于决策损失的负面效应远大于等量收益的正面效应，人们会更多关注损失。而经济不确定性会加大企业决策行为的风险，为此企业可能需承担的未来成本更高，从而减少企业积极投资等行为。尤其是当企业管理层对风险比较敏感，风险厌恶程度较高时，为了规避风险更容易采取减少投资等活动（Panousi et al.，2012）。并且，有学者利用货币动态均衡模型进行实证研究表明，经济不确定性可能是驱动经济周期的一个重要冲击。而马续涛等（2016）发现，经济不确定性的冲击会对银行行为产生影响，银行实质是风险规避的，较高的经济不确定性会降低银行承担风险的意愿。

实物期权理论认为，当经济不确定性较高时，以投资和消费等为表现形式的实物期权的价格相对较低，为获得高收益应选择推迟投资或消费。经济不确定性（如未来产品价格和运营成本以及利率的不确定性）越高，意味着企业面临的外部经济环境越不稳定，未来所面临的产品价格或成本收益也越难以预测（Bernanke，1980），可能会加大企业面临的风险，降低其投资意愿，推迟经营决策（Bond et al.，2007）。尤其是对于发展中的新兴经济体，在面临经济不确定性冲击时，更容易在消费、投资、盈利等方面受到较大的负面影响，也更难以恢复。韩国高和胡文明（2016）则从企业家信息角度探讨了经济不确定性与固定资产投资的关系，认为经济不确定性是导致我国固定资产投资下滑的一大原因，而企业家信心会改善二者间的负向关系。

2. 政策不确定性的相关研究现状

学术界对政策不确定性的研究主要集中在货币、财政、贸易等经济政策的波动对宏观经济、资本市场、企业行为等的影响。其中，Pastor 和 Veronesi（2011）从理论上分析了经济周期、政策不确定性和股票市场波动之间的关系。Fernández 和 Rubio（2006）则使用 DSGE 模型研究了政策不确定性对宏观经济的影响，发现政策不确定性对宏观经济的影响是负面的。Julio 和 Yook（2012）研究发现国家选举期间企业投资将下降。Brogaard 和 Detzel（2016）发现资产收益与政策不确定性呈负相关关系。Handley 和 Limão（2012）认为企业会在贸易政策不确定时慎重考虑其决策方案，Gulen 和 Ion（2016）也认为政策不确定性会减少公司投资。国内的相关研究主要有：（1）曾明（2005）研究中国政策不确定性形成的原因并提出了有针对性的应对建议。（2）张军和王喜平（2005）发现外商直接投资会因受到发展中国家政策不确定性影响而降低。（3）袁蔡群等（2007）分析了子公司的新技术投资决策是否受到企业集团内部政策不确定性影响。（4）贾倩等（2013）发现企业投资行为受到省级主要官员变动带来的地区政策不确定性的影响，企业会在官员变动当年减少投资，其行为导致了公司股票收益的大幅波动。

2.3.2 经济政策不确定性与企业创新

20 世纪初期，熊彼特（Schumpeter）在《经济发展理论：对于利润、资本、信贷、利息和经济周期的考察》（*The Theory of Economic Development: An Inquiry into Profits, Capital, Credit, Interest, and the Business Cycle*）一书中第一次提出创新这一概念，经过实践的检验已经被大量的企业所认可。步入 21 世纪，伴随着科技水平的提高，尤其是信息技术日益迅速发展，企业发展面对的创新环境产生了翻天覆地的改变。为促进我国经济实现快速健康发展目标，我国政府鼓励企业提高创新能力，逐步实现我国由世界工厂到创新型国家的转变，由要素驱动型向创新驱动型的转变。在科技发展的带动下，技术创新的意愿代表了当今公司发展的内在需求，企业对技术积累和创新的依赖逐渐增大，为了快速适应信息时代下科学技术的快速发展，企业必须通过增加研发投入来增强其本身的科技创新水平。

企业创新具有高投入性以及高风险性，存在信息不对称和公共产品的外部性等问题，不确定性较大，容易造成市场失灵，在创新过程中经常会出现社会投资比私人投资的报酬率高的情况（Arrow，1962；吴延兵，2007）。这就需要政府制定相关的政策法律，营造良好的经济政策环境，从而有效调控资金配置，维持企业科技创新的动力，提高创新产出，如今这一思想已经被世界各国当局以及专家学者所接受（Kleer，2010；张杰，等，2015）。现实中，由于信息不对称问题，融资约束成为企业发展的一大难题，而政府研发补贴能够缓解这一信息不对称，并能够有效弥补企业研发活动因正外部性导致的收益损失，帮助企业获取更多银行贷款，缓解融资约束，因而良好的经济政策环境在很大程度上能够激励企业增加创新活动（朱治理，等，2016；张辉，等，2016）。如今政府以财政拨款进行直接补贴在企业创新过程中也发挥越来越大的作用，我国企业研发经费支出持续增加，同时国家在一些方面也给予企业很多创新支持。安同良、周绍东和皮建才（2009）指出，我国在技术水平上一直追赶发达国家，政府经常把研发补贴当作鼓励企业加大自主创新力度的重要政策手段，然而现实中，企业发出虚假创新信号来获得政府研发补贴的情况却时有发生。国有企业得到了相当大的一部分政府研发补贴，但是其产出成果却远远不如私营企业和外资企业等非国有企业，这样投入和产出极其不相匹配的现象让学者对政府研发补贴的效率产生了极大的疑问。张春辉和陈继祥（2011）运用演化博弈等相关理论，说明了为赢得企业竞争优势，在资源有限的各种条件下，企业需要选择最科学、最有效的创新模式，补贴标准越高，企业选择颠覆性创新模式的可能性越大，选择渐进性创新模式的可能性越小。

不可否认，政府在促进企业创新方面发挥着重要的引导作用，积极的政府政策具有信号传递功能，有利于激励企业加大研发投资力度，进行技术改造和产品升级（解维敏，等，2009）。国家经济政策如研发补贴能够引导企业向特定方向发展，缓解企业在创新活动中的资金不足问题，降低企业由于缺乏资金而进行借贷的风险，激励企业加大科技研发费用的再次投入，促进企业增加研发活动，提高企业创新的积极性与主动性（齐欣和王策，2015）。而当企业面临不确定的外部环境时，一方面会加大企业内外部经济主体间的信息不对称，致使投资者难以对决策行为进行预测和监督（林钟高，等，2015），另一方面也会加大企业的经营风险，企业在不确定的外部环境下难以评估研发投资决策的未来收益和成本，因而要承担较大的风险（陈德球，等，2016；申慧慧，等，2012）。同时，当外部环境不确定性较高时，企业会利用有限的资源改善经营，减弱外部环境对企业的负面影响，此时企业将缺乏足够的资金开展创新活动（林钟高，等，2017）。经济政策不确定性又加大了企业所面临的融资环境的不确定性，增加了企业的融资约束，进而导致企业创新的动力下降（郭华，等，2016；严若森，等，2017）。尤其是对融资约束小的企业而言，其创新活动的机会成本更大（Bloom et al.，2007），故而国家经济政策不确定性会在一定程度上对企业创新产生消极影响（Andrea，2012；郝威亚，等，2016）。然而，也有学者发现经济政策不确定性越高，企业创新活动越活跃。Miller 和 Friesen（1982）研究表明外部环境动态性越高，企业创新活动越多。当企业面临较大的外部环境不确定性时，管理层为了寻求新的利润增长点，倾向于实施多元化经营，此时就需要一定的研发投入来实现之前较少涉足的领域的开发经营，通过投资新兴产业实现战略转型（贾良定，等，2005）。袁建国等（2015）分析指出，当外部环境动态变化且较为复杂时，企业迫于外部压力可能积极寻求研发创新，力求增强企业核心竞争力。但当外部环境不确定性较大时，可能会加大企业融资约束从而抑制企业研发活动，因而外部环境不确定性与企业创新之间可能呈倒 U 形关系而非线性关系。王凯和武立东（2016）研究表明，当外部环境处于动态变化和具有较大的不确定性时，企业对于客户需求、市场潜力、政策导向等信息的获取更加困难，为了应对这一信息不完全的环境，企业可能会采取探索式策略，增加创新投入。类似地，孟庆斌等（2017）分析指出，宏观经济政策、制度等的调整会增大经济环境的不确定性，尽管这可能加大研发活动的风险进而抑制创新，但也可能促使企业主动积极地应对外部环境的变化，通过确定发展方向，在特定领域开展研发活动，从而获得市场优势，即在不确定的经济政策环境下企业可能为提升竞争力而积极创新，减少因外部环境变化造成的经济损失。尤其是对于风险偏好程度越高的企业，外部经济政策不确定性越高，企业更愿意主动创新以寻求自身发展。

2.3.3　经济政策不确定性与企业投资效率

企业的资本投资决定着企业未来的利润变化和发展方向，是重要的经营决策，而企业投资效率是评价和衡量企业资本投资效果的重要指标，近年来也引起了学者们的关注。我国企业普遍存在所有权和经营权分离的现象，造成股东和经理人之间较为严重的委托代理问题，进而对企业投资行为产生影响。管理层既可能为了避免投资成本，不愿承担责任风险和花费精力来应对新的投资项目而不去投资净现值为正的投资项目，造成投资不足（Holmstrong and Weiss，1985；Aggarwal and Samwick，2006），也可能为了从控制项目中攫取更多信息和资源以增加私人利益，追求短期收益而投资净现值为负的投资项目，致使投资过度（Jensen，1993；辛清泉，等，2007）。投资不足和投资过度都反映了投资的低效率，很可能加重委托代理问题，损害投资者利益。为此，学者们对影响企业投资行为的因素进行了探讨，其中主要基于信息不对称理论和委托代理理论探讨了企业本身的薪酬等约束激励机制、管理层和董事会等治理机制等对公司投资决策的影响（姜付秀，等，2009；李延喜，等，2015），也有部分学者开始关注企业所面临的外部经济政策环境等对企业投资行为的作用（李凤羽，等，2015；陈国进，等，2016）。现实中，由于投资者和企业管理层之间存在信息不对称问题，且企业通常存在较大的融资约束，而政府的政策支持能够缓解这一信息不对称问题，为企业投资提供资金和政策上的帮助，从而为企业投资营造良好的外部环境，因而良好的经济政策环境在很大程度上能够激励企业增加投资。

企业在经济政策不确定性下的投资决策一直是经济学和金融学关注的焦点问题。Bernanke（1983）等比较早地讨论了经济政策不确定性与企业投资行为的关系，主要强调固定资产投资通常具有不可逆性，一旦做出错误的决策，其损失难以弥补，故而企业需等待最佳时机，规避风险。随后的很多实证研究也支持了该结论，如王义中等（2014）采用不同国家的数据都发现经济政策不确定性与企业投资显著负相关。从理论上而言，政府在促进企业投资方面发挥着重要的引导作用，积极的政府政策具有信号传递功能，有利于激励企业进行投资。国家经济政策能够引导企业向特定方向发展，缓解企业在投资活动中的资金不足问题，降低企业由于缺乏资金而进行借贷的风险，提高企业投资的积极性与主动性。而当企业面临经济政策不确定性时，一方面会加大股东和管理层之间的信息不对称，为企业非效率投资提供外部支持条件。投资者难以对管理层决策行为进行预测和监督（申慧慧，等，2012），因而管理层可能出于融资约束考虑和投资成本考虑而投资不足，也可能为了最大化私人利益而投资过度（Jensen and Meckling，1976）。另一方面，经济政策不确定性也会加大企业的经营风险和融资约束，企业在不确定性环境下难以评估投资决策的未来收益和成本，因而要承担较大的风险。同时，企业最佳投资规模受融资约束的影响（Lambert et al.，2007），如果企业所面临的经济政策不确定性较高使得融资约束太大，导致无法获得足够的资金来投资新项目，管理层就难以通过非效率投资谋求私利，而如果企业的融资约束较小，那么管理层进行非效率投资的动机和可能性便会增大（申慧慧，等，2012）。近年来，一些学者将实物期权理论引入了投资行为的分析，认为企业有择时投资的权利和能力，并且投资本身是不可逆的。企业拥有的投资机会相当于看涨期权，投资成本则可视作期权的执行价格，当企业选择当前投资项目时，就意味着放弃了等待更好投资机会的权利，这种继续等待更好机会的权利是企业的机会成本。经济政策不确定性会加大企业所面临的未来机会的不确定性，进而增加等待更好投资机会的价值，从而对当前投资产生抑制作用（李凤羽，等，2015）。实际上，企业投资具有周期性波动特征。在经济繁荣期，政府调整目前的经济政策的决策往往面临更大的政治成本和阻力，并且此时市场改革的需求也不强烈，因而经济政策环境相对较稳定。而在经济不景气时，政府为促进经济增长而调整政策的动机更强，所面临的成本也更低，此时经济政策不确定性增加，而这会带来企业投资的变化（Bernanke and Gertler，1989）。

2.3.4　经济政策不确定性与企业存货管理

存货管理主要是指企业对于库存或尚未售出的货物和原材料的管理。王岚（2007）认为存货是指企业在日常生产经营过程中持有以备出售或者仍然处在生产过程，或即将消耗的物料等。随着市场经济的高速发展，企业间的竞争日益激烈，企业的财务管理也越来越引起管理者的重视。财务管理一般主要包括投资管理、融资管理、营运资金管理等部分，其中存货管理不容忽视。企业存货管理可以映射很多因素，比如宏观经济的走势、经济政策的变动等。存货是经济周期的先导因素，它的波动在宏观意义上映射了经济周期的波动。许志伟等（2012）发现在我国存货总投资对解释 GDP 波动具有非常重要的作用，并进行了实证研究。

此外，由于企业组织结构复杂、经营活动繁多，不同企业之间具有明显的异质性，采取完全严格一致的信息披露准则可行性不大，而且还会破坏一定的公平性。因此，会计准则允许企业管理层在披露企业经营活动、业绩盈利等财务报表信息过程中使用职业判断。也就是说，企业管理层根据自身行业特点，采取更加符合企业利益的估计方法、会计方法以及披露形式等等。在这种制度背景下，企业的存货管理也会因为会计方法的不同而有一些差异。

1. 企业存货管理行为的动机

存货管理制度是直接影响企业生产经营的重要管理制度。企业存货持有量的多少，反映出企业管理水平和经营效率的高低。一般情况下，企业的存货持有水平需要控制在企业总资产的30%左右（王岚，2007）。对生产型企业来说，存货管理不善将直接导致生产过程受阻，对利润造成不良影响。企业进行存货管理具有如下动机：（1）提高企业经济效益。余红梅（2011）提出，优秀的存货管理制度可以降低企业的采购、储存和销售成本，减少存货资金占用，使资金周转加快，提高企业的资金利用效率，从而增加企业的经济效益。王丽莉（2011）提出，先进的存货管理制度还能适应市场的变化，实现企业经济效益的最大化。（2）增强公司核心竞争力。马金花和徐东梅（2004）认为，产品的质量、生产工艺、对顾客的需求迅速做出反应的能力，以及公司整体的获利能力等，都受存货持有水平的影响。为了增强公司的核心竞争力，企业需要更有效地进行存货管理。（3）更好地适应宏观经济形势。根据宏观经济走势进行存货的调整，可以帮助企业降低经济不确定性所带来的额外成本，更好地适应宏观经济波动，达到企业经济效益的最大化。

2. 影响存货管理的内部因素

影响企业存货管理的内部因素涉及销售规模、存货持有成本、风险偏好、管理水平、企业规模等。Roumiantsev 等（2005）对美国上市公司十年的数据进行研究，发现存货持有水平与销售水平相关指标关系密切。其中存货持有水平与销售规模、销售毛利率之间存在正相关关系，而与存货持有成本呈负相关关系。而刘晓雪（2012）通过对北京地区上市公司中的零售企业存货管理进行实证研究，发现北京零售企业的存货周转水平与企业销售增长率之间的关系呈明显非对称性，即销售增长率为正的时候，销售增长率与存货周转水平没有显著关系。Gaur 等（2005）也得出了一致的结论。其中原因可能是企业销售增长率为正时，企业更注重于扩大业务，没有采取进一步措施优化存货管理；而企业销售增长率为负时，企业不能有效地开源，只能节流，通过对存货进行更有效的管理，从而降低成本。

一般来说，企业营运资金管理能力越强，存货周转率越大，存货的持有成本越小。Vastag 等（2005）发现存货周转率与管理水平之间存在正相关关系。刘晓雪（2012）通过实证研究发现，北京零售企业存货周转率随年度的变化主要是由公司管理水平引起的。降低费用比例、增强渠道力量和扩大销售规模可显著提高存货周转率，提升存货管理水平。企业加快存货周转速度，则会提高流动资金的利用率，同时期内企业所创造的效益就更大，这无疑有利于企业的运营和发展。很多现代企业会通过运用 JIT、EOQ、MRP 等先进的存货管理方法，结合供应链管理思维，处理上下游企业之间的供需关系。此外，徐志平和姚明安（2008）通过对 1998—2004 年中国制造业上市公司的存货持有水平和企业绩效数据进行实证研究发现，存货持有量和企业的绩效之间呈现倒 U 形关系。企业存货持有成本最小不是在零库存的时候取得，而是在存货持有成本和存货短缺成本均衡的时候取得，这个结果说明盲目追求低库存甚至零库存并不一定是最优的。

企业的存货持有量与企业股东和管理层对于风险的偏好程度也有着密切的关系。根据行为金融学理论，企业如果是风险偏好的，可能会有较高的存货持有水平，而风险敏感程度较高的企业一般倾向于减少存货持有。徐勇强（2010）通过对 2004—2008 年道琼斯中国 88 指数中的 88 家上市公司进行实证研究发现，确实风险厌恶的企业倾向于保持较低的存货持有水平。这也提醒企业在管理存货时应该避免受到企业风险偏好带来的非理性行为的影响。

刘晓雪（2012）通过实证研究发现，北京地区零售企业存货周转率和公司规模之间存在显著的正相关关系。企业的规模越大，其存货管理具有越明显的规模优势。Gaur 等（2008）对美国三百多家零售业上市公司 1985—2003 年的财务数据进行实证研究，也发现存货周转率与公司规模正相关，且公司规模越大，对存货周转率的正向影响越小。此外，企业的成长能力与存货持有水平关系也很密切，处于成长阶段的企业，为了实现规模扩张和经济效益增长，一般会有较高的存货持有水平，并且会加强对存货的监督和管理，推动企业快速成长。而处于成熟阶段的企业一般存货持有水平也会维持在一个比较稳定的值，以得到稳定的经济效益。向文祺（2013）通过对我国制造业上市公司 2009—2011 这三年共 4 583 个样本建立模型进行因子分析和多元线性回归分析，得到了企业存货周转率和企业规模与成长能力均表现为正相关关系的结论。

3. 影响存货管理的外部因素

科学技术和相关学术成果的突破也会大大影响企业的存货管理。在互联网和大数据时代，企业的存货管理手段也发生了翻天覆地的变化。美国 Gartner Group 公司提出的企业资源管理计划即 ERP（Enterprise Resource Planning）通过融合数据库技术、第四代查询语言、图形用户界面、计算机辅助开发工具、客户服务器结构、可移植的开放系统等对企业资源的分配、业务和信息流程的传导产生了巨大的影响。企业可以通过 ERP 系统对存货进行更有效、精确、及时的管理，提高企业存货管理水平。无线射频识别技术，即 RFID（Radio Frequency Identification）及与其相关的物联网技术，被誉为是 21 世纪最有影响力和发展前景的技术之一。RFID 可以帮助存货入库和出库实现自动化处理，帮助存货管理实现信息化，降低错误率的同时也降低管理成本。RFID 应用于存货管理，主要有几方面的优势：第一，对存货的采购、运输、存储、出库乃至售后服务，进行动态监控，并在实现自动化的情况下有效提高存货周转率；第二，大大简化存货盘点、记账等会计工作，降低存货管理成本；第三，更加精确地核算企业存货成本，避免了传统会计计价方式造成企业账面价值的虚增或者虚减。苏宁（2007）提出 RFID 技术可以实现多商品同时自动识别，提升了企业商品记录的工作效率，降低了企业劳动成本。同时 RFID 技术运用于存货管理还能提升企业的防盗能力，提升企业存货管理的智能化水平。RFID 技术还可以降低存货缺货率。李立强、申振和廖国琼等（2013）提出对粘贴 RFID 标签的商品可以进行实时智能监控，能及时发现缺货、过期、错架等问题并发出警告信息，为实现企业存货智能化管理打下良好基础。RFID 技术结合工业智能机器人、自动分拣车、传送带等自动化设备的使用，构成了现代高新技术企业的存货管理主要技术。此外，现今的存货管理技术如 JIT、EOQ 等的引入也极大地提高了存货管理的水平。

不同的行业由于其特殊性，往往会有着不同的存货持有水平。比如房地产行业存货持有水平普遍较高，而快消、零售等行业的存货持有水平相对较低。此外，不同行业的存货持有成本和短缺成本也是不同的，这导致不同行业的存货管理方式也存在较大差异。这决定了要比较企业的存货持有水平一般是在同行业内进行比较相对科学。行业的竞争程度（一般以行业集中度表示）也会对存货持有水平产生较大影响。刘飞（2010）利用 2007 年的截面数据进行实证研究发现，存货持有水平与行业集中度呈正相关关系。

一般来说，市场波动往往也会带来企业存货持有水平的调整。比如商品与原材料市场价格的波动和需求量的变动等都是导致企业存货持有水平变化的重要原因，企业更倾向于在商品和原材料价格低的时候囤积更多的存货，而在价格高的时候将存货销售，以获得更大的经济效益。当然，市场波动太大的时候也会产生市场风险，可能进一步导致企业存货滞销或者短缺等。因此企业在进行存货管理时应该密切关注市场变化，降低市场风险带来存货持有水平的巨大变动，降低其给企业带来的损失。由于市场信息的趋同性和传导的滞后性，各企业对于市场变动做出的相应存货决策也往往具有相对落后性和一致性。以养殖业为例，比如某年因为一些因素猪肉价格飞涨，养猪户赚了很多钱。其他人得知这个消息后也纷纷开始养猪，第二年就会出现养猪热潮，结果供大于求，猪肉价格暴跌，养猪户损失惨重，这样第三年很可能又会导致养猪户不再养猪，猪肉价格再次飞涨。这种现象也同样出现在工业等行业，所以市场波动和信息传导的特性会导致存货持有水平的波动，这使得商品时而供不应求，时而供过于求，并且可能加剧市场波动引起的风险。

徐贤浩和李锐娟（2007）建立了短周期物品的存货持有水平、市场波动以及销售率等的相关模型，对此进行了研究和分析。

易纲和吴任昊（2000）通过采用 Hodrick-Prescott 滤波方法对中国的支出法国内生产总值（GDP）和存货投资的时间序列资料进行处理和分析，发现随着中国市场化程度的提高，存货投资越来越表现出与成熟市场经济相同的顺周期特点。尤其是 1996—1998 年存货投资的波动与宏观经济波动有着极高的相关系数。许志伟、薛鹤翔和车大为（2012）通过对 GDP 和存货投资年度序列数据进行实证研究，发现 1978—1985 年间，存货投资仅占 GDP 约 6.5%，却揭示了 20%左右的总产出波动；而 1992—2010 年间，存货投资仅占 GDP 3.48%，对总产出波动的贡献率却依旧达到 19.88%。可见存货投资占比虽然不大，却对经济波动有着重要作用。反过来说，存货投资水平的波动也反映着宏观经济波动的水平。刘飞（2010）从宏观经济角度考虑，发现存货持有水平与人均 GDP 之间存在 U 形关系，且与企业国有化率正相关。饶品贵（2016）通过未来物价预期指数、随机游走模型和简单菲利普斯曲线计量了预期通货膨胀率，并将其与企业存货持有水平一起进行实证研究，发现当预期通货膨胀率高时，存货持有水平也会相应增加。且进一步研究显示，根据预期通货膨胀率进行存货持有水平调整的企业未来经营业绩一般相对更好。Kashyap 等（1994）发现企业存货持有水平与通货紧缩也有着密切的关系。可见，货币环境变动的确会带来企业存货投资行为的变动。Caglayan 等（2012）通过实证研究发现，存货投资是 GDP 中最活跃的部分，也是经济波动和经济衰退的重要推力。

2.3.5 经济政策不确定性与企业盈余管理

根据会计语言制定者的初衷，企业的财务报告是企业管理层向公司利益相关者（主要包括企业股东及债权人、供应商、劳务提供者、客户、评级机构、监管机构等）披露和报告企业经营状况的主要手段，这些信息应该可以甄别出经营状况良好和经营状况糟糕的企业。在会计信息披露的过程中，要求所披露信息同时具有及时性、相关性以及可靠性。这种制度背景为企业盈余管理的出现提供了契机。

盈余管理一直是会计学和公司治理研究中的核心问题。但目前，学者们对于企业盈余管理的定义还没有达成一致结论。在关于企业盈余管理的早期研究中，Schipper（1989）从会计应计项目角度，将企业盈余管理定义为企业管理层为获取某些利益而进行的干预财务报表真实数据和披露过程的行为。Watts等（1990）给出了一个较为宽泛的界定，认为企业管理层基于职业判断对会计数据进行的所有干预行为均属于盈余管理的范畴，这其中既包括为了最大化企业价值而影响会计数据的行为，也包括投机主义、为个人利益而改变会计数据的行为；既包括受到规则制约的行为，也包括未受到规则制约的行为。他们认为，契约和监督成本的存在使得管理层对企业数据的干预行为是不可避免的。接着，Healy和Wahlen（1999）将企业盈余管理定义为企业管理层运用会计方法或者安排真实交易来改变财务报告的行为。通过进一步对国内外文献的梳理，本书按定义的出发点不同将企业盈余管理的界定归纳为以下三种类型。

第一，以企业盈余管理的动机为出发点。Schipper（1989）的定义方式就是依据管理层的动机来解释盈余管理的内涵。类似地，基于经济收益观和信息观，魏明海（2000）将盈余管理定义为："企业管理层为了误导其他会计信息使用者对企业经营业绩的理解或影响那些基于会计数据的契约的结果，在编报财务报告和'构造'交易事项以改变财务报告时做出判断和会计选择的过程。"这种定义强调了盈余管理的目的在于影响会计信息使用者对企业经营状况的判断。戴维森等人在《会计：商业语言》一书中将盈余管理狭义地定义为"在会计原则限制范围内，为把报告盈利调整到满意水平而采取的有计划行动步骤的过程"，仅仅将盈余管理的目的限定为调整企业的盈利水平。由于管理层的动机和目的难以有效观察，因此，这种以动机为出发点的定义方式在现实生活中难以应用。

第二，以企业管理者个人判断对企业会计数据的影响程度为出发点。

Watts 等（1990）是这种定义方式的典型代表。但宁亚平（2004）指出，会计准则允许企业管理层进行职业判断，从而可以对企业会计数据进行一定程度的自由调整。因此，无法有效判断管理层干预会计数据披露的行为是否在制度约束框架内，这种定义方式的可行性还需进一步考察。

第三，以企业盈余管理是否遵循会计准则为出发点。由于会计信息在披露过程中实现的是相对真实性，这样就给企业的盈余管理留下一定的违背公允原则的空间。关于企业盈余管理是否合规的讨论，学者们形成了两种相反的观点。部分学者认为企业管理层滥用会计准则赋予其职业判断的权利，对企业的会计数据进行更改，大大降低了企业财务数据的可信度，干扰了市场参与者对企业经营活动的评判以及甄别能力。因此，企业的盈余管理很可能是一种变相的会计操纵行为（Magrath，2002；Goel and Thakor，2003）。而另一部分学者则重点强调了企业盈余管理的合规性。他们认为虽然企业管理层通过盈余管理将企业盈利水平调整至期望水平，但其采取的方法和手段均在会计准则允许的范围之内，或处于会计准则尚未明确禁止的灰色空间，并未违反会计准则的相关规定，因此是一种合法行为（Brown，1999；任春艳，等，2004）。

为避免企业管理层过度进行盈余管理，我国也在不断完善会计准则，规范企业信息披露。2007 年我国实行的新会计准则针对存货的确认、资产的减值准备以及合并报表等方面均进行了修改，缩小了企业进行主观的、不正当的盈余管理的空间。但在借款费用资本化、公允价值应用范围以及研发支出的相关规定方面，仍然为企业进行盈余管理留下很大的自由空间。2014 年，我国财政部颁布了修改《企业会计准则——基本准则》的 76 号文件，对部分会计信息的披露程序提出了新的要求，以保证我国会计准则与国际会计准则的一致性。修改后的企业会计准则完善了信息披露的制度框架，进一步缩小了企业管理层对财务数据的可操纵空间。

1. 企业盈余管理行为的动机

本书在梳理大量文献的基础上，总结出现有文献关于企业进行盈余管理的契约动机、融资动机以及政治动机等。

（1）契约动机。

魏明海（2000）认为契约摩擦（contract friction）和沟通摩擦（communication friction）是产生企业盈余管理行为的根本原因。现代公司治理制度无非就是在处理公司股东和经理人之间的代理关系。在薪酬契约的框架下，经理人的薪酬水平往往与公司盈利水平密切相关，这尽管可能减少管理层与股东的利益冲突，但也可能诱使管理层产生盈余管理机会主义行为。管理层可能会在会计准则约束范围内或约束范围外通过变换会计方法、披露形式等实现对公司盈利水平的干预，以最大化管理层自身的薪酬水平。契约动机分析在实证层面也得到了印证。Dechow 等（2000）研究发现，由于管理层的薪酬水平与股票价格紧密相关，管理层更加倾向于对公司进行盈余管理，以最大化自身利益。Guidy 等（1999）发现管理层会采取盈余管理来调整公司的盈利数据。我国的上市公司也同样面临公司股东和经理人的委托代理问题，特别是 1998 年以后，上市公司经理人的薪酬与公司经营业绩相挂钩，激励经理人实施盈余管理。杜兴强和周泽将（2010）以我国上市公司为研究对象，发现上市公司的总应计利润（盈余管理的一种衡量方法）与公司管理层的薪酬水平存在着显著的正相关关系，在一定程度上印证了管理层进行盈余管理的薪酬契约动机。此外，经理人竞争机制也是企业盈余管理的一大动机。经理人的受聘、晋升等都面临着市场竞争，而公司的盈利水平不仅可以反映公司的经营状况，也是衡量经理人业绩的主要考核指标。经理人可能进行企业盈余管理，增强竞争力，实现自身利益的最大化。

（2）融资动机。

企业经营的目标在于最大化营业利润或最小化经营成本，而如何降低融资成本，是企业经营决策的重要内容。目前，企业融资主要有两种途径，一是通过银行体系进行间接融资，二是通过资本市场进行直接融资。无论哪种融资方式，企业均有为降低融资成本而进行盈余管理的动机。

以银行贷款为例，部分学者经过研究发现，企业作为借款人，在贷前和贷后均有盈余管理的激励。企业当期的经营状况、可持续经营的能力、抵押担保资产的价值等是决定企业能否获得银行贷款以及以何种利率水平获得银行贷款的关键。银行信贷业务人员也将依据这些财务信息来甄别不同信用风险水平的企业。为了能够以更低的成本获得银行贷款，企业具有强烈的调整盈利水平、美化财务数据的动机。贷后，银行将持续监控企业的经营行为以防范企业的违约风险。这意味着企业有持续进行盈余管理的激励，以防止在贷后时期，企业由于经营不善而面临银行追加贷款成本甚至导致贷款违约，这将对企业的经营状况造成更加不利的影响，从而形成恶性循环（Begley，1990；Mishkin and Eakins，2003）。

由于资本市场存在着严重的信息不对称，因此，公开披露的财务数据是小额投资者了解和监督企业经营状况的最主要信息来源，也是决定企业直接融资成本的重要因素。股票首次公开发行（Initial Public Offering，IPO）时期是企业进行盈余管理的高频时期。由于企业第一次进行股票融资，对于市场投资者来说，信息不对称现象将更为严重，企业主动披露的财务信息便成为投资者甄别股票、评估股票增长价值的重要依据。企业在这一过程具有通过盈余管理粉饰盈利水平的强烈动机，以提高股票价格，从而得到更多的股权资本。在实证层面，部分上市公司在IPO之前，往往会调整公司的应计利润，使得公司的盈利数据更加有利于提高股票的发行价格。陈共荣和李琳（2006）使用中国的上市公司数据也验证了这一结论，公司的管理层在IPO期间存在明显的盈余调整行为，这种行为可以持续三个会计年度。新兴企业（如高科技企业等）具有很高的成长性，但由于企业规模有限、盈利周期较长、前期业绩水平较低，常常面临融资难的困境。因此，这些企业在创业板市场进行股权融资时，具有更加明显的盈余管理动机，以达到符合上市要求的目的，诱导市场投资者的决策向着更有利于企业融资的方向转变（杨洁，2013；祁怀锦、黄有为，2016）。此外，研究结果表明，企业在进行再融资的过程中，依然会使用盈余管理调整企业的财务数据，以达到提高股票价格的类似目的（章卫东，2010）。

（3）政治动机。

企业进行盈余管理的政治动机主要分为处罚成本动机、避税动机等等。处罚成本是指当企业的相关财务指标明显高于或者低于政策标准时，政府将对企业采取管制或者惩罚措施，从而增加企业运营的显性成本。由于受到多种因素的影响，企业每一年度的盈利水平都具有一定的不确定性。当企业在某一年度实现的盈利水平或其他财务指标不符合政策的相关规定时，企业很有可能通过盈余管理，调整和平滑企业的盈利数据，从而规避政策处罚或管制。例如，谢柳芳等（2013）以退市制度为研究切入点，发现该制度的推出对创业板上市公司的盈余管理产生显著影响。在退市制度实施前，创业板上市公司主要使用应计盈余管理方法；而在退市制度实施后，监管政策更加严格，企业则更多地采取真实盈余管理，以降低被监管当局处罚的风险。

避税动机是企业进行盈余管理的一大主要动机。企业的盈利水平与税费紧密相关，为了利用相关政策制度规避或者降低税收成本，企业往往采用盈余管理来调整盈利水平。常见的途径主要有跨期平滑、跨公司和跨地区转移等等。根据相关会计准则，在企业所得税的征收过程中，企业发生的费用和用于弥补亏损的利润均不计入纳税所得额中，企业能够通过应计项目将盈利进行跨期平滑，从而实现操纵税收成本的目的。不同国家、不同地区的税收政策不尽相同，企业为了降低税收成本，将通过盈余管理将盈利从税率较高的国家或地区转移到税率较低的国家或地区，从而实现政策套利。陈俊（2016）从内部控制角度探究税收与企业盈余管理的关系，提出了预防动机和监督动机两种假说来解释二者的关系，并通过实证研究发现高税收地区的企业盈余管理程度也越高。此外，叶康涛和刘行（2011）研究发现当税率水平较高时，增加了企业向上调整盈利的成本，可以有效抑制企业的正向盈余管理。

此外，政府提供的进出口补贴政策、相关产业政策等也会影响企业的盈余管理行为。通常情况下，与政治形势、政府政策联系越紧密的企业（即政治敏感型企业），其盈余管理的政治动机越明显。这种受政治成本驱动的盈余管理行为，在不同行业之间存在较大差异。琼斯（Jones）在 1991 年使用美国企业数据研究发现，企业为获得政府的进口补贴，有意下调企业的盈利水平，存在向下调整盈余的行为。我国学者吴德军等（2016）以 2004 年和 2012 年两次煤电联动政策为研究对象，发现在这两次不同的政策背景下，火电企业也出现了截然不同的盈余管理行为，为政治动机提供了证据支持。

2. 影响企业盈余管理的因素

（1）企业内部治理结构对企业盈余管理的影响。

如前文所提到的，企业管理层为了自身利益或达到某一目的，具有进行盈余管理的动机。在一个治理体系更加完备的公司内部，各部门之间存在一定的利益冲突，相互牵制，管理层进行盈余管理的操作空间将更加有限。Dechow（2005）通过研究那些因采用盈余管理行为违反会计准则而受到处罚的公司，发现这些公司的治理结构存在很大问题，它们的董事会被管理层或 CEO 所控制，内部相互制约能力较弱，为管理层进行盈余管理提供了条件。刘立国和杜莹（2003）对被证监会处罚的一些公司进行实证研究发现，公司治理结构会影响企业的盈余管理行为，执行董事、内部董事比例及监事会人数都会对盈余管理产生显著影响。黄文伴和李延喜（2011）对 527 家上市公司进行实证研究发现，增大流通股比例、增加独立董事与提升管理层报酬都会显著降低企业盈余管理的程度；而董事会人数增加与公司规模扩大则会显著提高企业盈余管理的程度。

与契约动机理论不同，通过对加拿大的上市公司进行实证研究，发现管理层持股这种薪酬设计会将管理层的利益与公司的业绩挂钩，增加股东与管理层之间的利益相关性，且公司的管理层持股比例越高，管理层进行盈余管理的动机越小，公司财务报告的质量也会相应地得到提升。类似地，李常青和管连云（2004）通过对 421 家公司的实证研究，认为企业管理层盈余管理的程度随着第一大股东的持股比例提高而先降后升，且管理层的持股比例与盈余管理程度呈负相关关系。

此外，机构投资者持股也是影响企业盈余管理的重要因素。一方面，部分学者认为机构投资者会加强外部监督能力、提升公司治理水平、减少管理层的盈余管理动机。例如，Chung（2007）认为企业管理层有盈余管理的动机，专业机构投资者的存在可以起到外部监督的作用，迫使管理层将经营目光放得更加长远，对公司管理层的盈余管理行为具有抑制作用。高雷和张杰（2008）、Demiralp（2011）等学者研究发现，机构投资者比例较高的公司往往业绩表现更好，这是因为机构投资者相对一般投资者专业性强，拥有信息优势，能够有效抑制公司管理层的盈余管理行为，起到有效的外部监督作用。另一方面，有学者指出机构投资者的介入反而会激励企业进行盈余管理。Burns（2010）和罗付岩（2015）研究指出，目前资本市场上也存在很多规模较小、短期的机构投资者，这些机构投资者采取追涨杀跌的模式进行投资，只追求短期利益而忽略公司的长远发展。当一个公司存在较多这样的投资者时，为了防止公司短期业绩下滑对公司资金带来的巨大压力，管理层不得不采取盈余管理来美化公司的财务数据，这些机构投资者在一定程度上为企业盈余管理提供了动机。Ramalingegowda（2012）通过研究发现，机构投资者的介入首先会抑制管理层的盈余管理，而这种抑制作用会使管理层想方设法寻找可以进行盈余管理的空间，反过来给管理层提供了进行盈余管理的动机，从而增加了管理层和投资者之间的信息不对称性。

债务结构也与企业盈余管理存在着紧密联系，但二者的关系尚无定论。部分学者认为债务融资会激励企业进行盈余管理。Sweeny（2003）对 130 家公司进行实证分析，发现当公司陷入财务困境时，管理层会通过盈余管理操纵公司的产权比率等指标来达到债权人的要求，从而规避债务条款限制。Valipour（2011）对 81 家企业进行实证研究发现，企业管理层会通过控制债务规模来调整盈余，从而避免违背债务条款并降低融资成本。Alsharair（2012）认为，如果债务融资与企业的经营活动高度相关，债务成本就会影响企业的盈利，使管理层产生操纵盈余的经济动机，并且利息的支付方式与财务杠杆规模对管理层的盈余管理行为会产生扩大效应。而另一部分学者则对此持相反意见。汪健和曲晓辉（2014）指出债务融资可以抑制企业的盈余管理行为，具有一定的公司治理效应。雷强（2010）认为，企业债务融资规模越大，企业受到银行的监督程度就越高，银行对企业的债务监督可以有效抑制企业的盈余管理行为。

（2）外部宏观经济环境对企业盈余管理的影响。

企业盈余管理除了受到自身治理结构的影响外，还受到外部经营环境、政策环境的影响。应计制会计准则成为管理者为了应对环境不确定性造成的企业盈余波动而采取的主要措施之一。这种平滑企业盈余的行为对管理层和投资者来说都是有利的。还有的研究结果表明，环境不确定性越高，公司管理层越有动机利用超额应计来降低报告盈余的波动性。申慧慧（2010）将环境不确定性分为可预测和不可预测两种，并将企业分为增长型和衰退型两类。申慧慧通过实证研究发现，环境不确定性越大，公司的盈余管理程度越高；相对于衰退型公司，增长型公司在面对可预测的环境不确定性时，具有相对较低的正向盈余管理动机。冯展斌等（2013）研究发现，货币政策变化会通过银行影响企业的盈余管理程度，在信贷紧缩时期，企业信贷风险增加，银行会更积极主动地对融资企业实行监管，管理层操纵盈余的空间降低、风险加大，使企业盈余管理的程度降低。陈武朝（2013）研究了我国沪深 A 股上市公司不同经济周期下的盈余管理水平，结果显示，经济繁荣期企业盈余管理程度显著低于经济衰退期。刘玉玉和唐嘉尉（2017）通过实证研究发现，行业景气度对企业盈余管理也会产生影响，行业景气度高的时候，企业盈余管理程度较高。另外，企业盈余管理也会受到行业景气度波动的影响，行业景气度波动性与企业盈余管理程度之间存在着显著的正相关关系。

2.3.6 经济政策不确定性与企业资本结构调整

现有文献主要从目标资本结构与资本结构动态调整方面进行研究，有关经济政策不确定性与资本结构动态调整速度的研究也形成了一定的成果。

1. 目标资本结构与资本结构动态调整的文献研究

Modigliani 和 Miller（1958）提出的 MM 定理标志着现代资本结构理论

的起源。MM 定理认为，在理性行为和市场完美等假设下，均衡时任何企业价值均独立于其资本结构。自 MM 定理后，学者们逐步放松 MM 定理的各项假设，提出了多种多样的资本结构理论，其中大多数研究都支持企业存在一个最优资本结构或目标资本结构。通过将税收这一重要因素纳入考虑，权衡理论应运而生。权衡理论认为企业存在一个最优或者目标的债务-股权比率，这个比率能完美地平衡债务融资的成本和收益，成本包括破产成本和代理成本，收益包括利息税盾和自由现金流问题的缓解带来的公司价值增值。权衡理论预期当企业资本结构偏离目标时，企业会连续地进行资本结构调整以达到最优债务-股权比率。如果说权衡理论强调了债务税盾在目标资本结构决定中的重要作用，DeAngelo 和 Masulis（1980）则强调了非债务税盾对目标资本结构的决定作用。DeAngelo 和 Masulis（1980）指出，即使权衡理论受到了 Miller（1977）的挑战，但只要实际中存在诸如折旧抵税、投资税收优惠等非债务税盾，均衡时每个企业仍存在最优资本结构。此时最优债务-股权比率是在一个使得负债带来的税收优惠恰好平衡掉其所带来的非债务税盾损失的水平上。Frydenberg 等（2011）基于静态权衡理论进一步支持目标资本结构的存在，并指出目标资本结构是一种股权和债权间的安排，它能最小化资本成本，使公司价值最大化。除了理论层面的论证，不少学者用经验和实证方法对目标资本结构的存在进行了肯定。Graham 和 Harvey（2001）指出，事实上有 81%的企业在作债务融资决策时，会考虑一个目标债务比率或目标区间。Flannery 和 Rangan（2006）以 1966—2001 年期间的非金融企业为实证研究对象，发现所有企业都会追求一个目标资本结构，这一结论对于不同的企业规模仍适用。

以权衡理论为代表的资本结构调整理论受到了 Baker 和 Wurgler（2002）以及 Welch（2004）的质疑。Baker 和 Wurgler（2002）提出了市场择时理论，认为市场时机是证券发行的重要考虑因素，资本结构仅是历史上有意识的股票市场择时行为的累积结果，对企业来说不存在最优的资本结构。Welch（2004）研究了股票收益对企业债务-股权比率的影响，认为股票收益能解释

40%的债务-股权比率动态变化，并且当考虑股票收益后，很多其他变量对资本结构的解释力大大下降。因此，最优债务-股权比率会随着股票收益的变化而时刻变化，企业没必要根据之前的目标债务-股权比率进行动态调整，况且从理论上和实证上都没办法对什么是最优债务-股权比率进行识别。这些新的观点使学者们逐渐思考权衡理论在解释资本结构调整上的局限性。Leary 和 Roberts（2005）指出权衡理论的问题在于它关于无摩擦资本市场的假设，忽略了资本结构的调整成本。而调整成本的来源大致有证券发行成本和交易成本。Lee 等（1996）估计发行债券和股票的全部直接成本占总收益的 2%～13%。Altinkilic 和 Hansen（2000）进一步估算了证券发行的成本，并指出外部融资成本包括两部分：一部分是管理费用、法律费用等不变部分；另一部分是随着发行量增加而增大的可变部分。尽管前者具有规模经济效应，但后者在不断递增。还有一些学者强调了交易成本的影响（Strebulaev，2007）。Fischer 等（1989）指出在调整成本的影响下，企业的目标资本结构应当是在一个区间内，这与动态权衡理论的思想相一致；并且指出企业只有在资本结构调整的收益能足够抵消调整成本时，才会进行调整。

正是由于调整成本的存在，企业无法在实际资本结构对目标偏离时立即做出反应，从而存在资本结构动态调整速度的问题。有学者通过一个动态持续期模型研究了考虑调整成本后企业资本结构调整的驱动因素，包括杠杆水平、杠杆的积累和过去的融资决策。企业在资本结构调整过程中，会平衡股票发行和股票市场对资本结构的冲击，这个过程会持续一个相对较短的时间（2 年内）。Flannery 和 Rangan（2006）同样认为企业资本结构调整速度较快，他们通过建立一个数据拟合度较高的部分调整模型，发现样本企业会以每年 30%的速度缩小实际资本结构与目标资本结构间的偏差。但 Banerjee 等（2000）、Fama 和 French（2011）均发现，企业确实存在向目标资本结构调整的过程，只是调整速度比较慢。对于资本结构的调整方式，Leary 和 Roberts（2005）指出资本结构调整的主要工具是债务政策，股权回购不常用。Faulkender 等（2012）指出企业可以通过偿还债务和回购股票，或者支付股利来改变债务-股权比率，总之，任何类型的资本市场准入都可以用来调整债务-股权比率。

对于资本结构调整速度的影响因素，根据已有文献，大致可分为两大方面。一方面是企业自身的因素，包括公司财务特征、规模、盈利能力、成长机会等特征因素。另一方面是外部环境因素，包括宏观经济运行、融资约束、市场竞争等因素。Heshmati（2001）研究了企业规模、盈利能力、实际资本结构与目标资本结构的偏差对调整速度的影响，发现：企业规模越大，盈利能力越强，资本结构调整速度越快；企业规模、盈利能力等相近的企业实际资本结构与目标资本结构之间偏差越大，资本结构调整速度越快。前者与大公司更关注自身资本结构决策有关，后者是因为资本结构调整的不变成本具有规模经济效应。公司的成长机会越多，资本结构调整速度越快。Faulkender 等（2012）研究了企业的现金流特征、杠杆率特征和融资约束对资本结构调整速度的影响。自由现金流越大的企业资本结构调整程度越大，且对于具有相同现金流的两个企业，高杠杆企业资本结构调整程度更大，大约能调整偏差的 80%，低杠杆企业仅能调整偏差的 30%。一个支付股利或信贷评级高的企业比受高信贷约束的企业资本结构调整得更快，且在受信贷约束程度相近时，高杠杆企业比低杠杆企业调整得更快。Lemmon 和 Roberts（2010）及 Leary（2009）从市场分割理论出发，认为信贷市场、债券市场和股票市场存在着市场分割，企业难以在各种融资方式之间轻易转换，如在银行信贷紧缩时期，企业很难寻找到债券融资等其他债务融资方式，从而影响资本结构调整速度。黄继承和姜付秀（2015）实证发现，产品市场竞争程度越低，企业资本结构动态调整速度越慢，且这一影响随企业融资约束程度的降低而增大。但 Drobetz 和 Wanzenried（2006）、Cook 和 Tang（2010）的研究却否定了融资约束对资本结构调整速度的影响，并发现宏观经济形势越萧条，资本结构调整速度越慢。

2. 经济政策不确定性与企业资本结构动态调整速度的文献研究

资本结构是企业财务状况与投融资策略的综合反映。在企业资本结构向目标资本结构进行变动的过程中，影响投资、融资、经营等企业行为的因素都有可能对资本结构调整的速度产生影响。已有研究针对经济政策不确定性与企业行为之间的联系进行了比较丰富的研究，为本书探讨经济政策不确定性与企业资本结构调整速度的关系提供了思想基础和方法参照。

(1) 针对国外企业的相关研究。

现有文献认为，经济政策不确定性从融资的供给侧和需求侧都对国外企业资本结构的调整产生了影响。首先，从资金供给方面看，一些研究认为经济政策不确定性的增加意味着信贷风险评估的难度增大，潜在债务人和债权人之间的信息不对称现象增加，将恶化企业的融资环境。Baum 等（2009）发现在这种情况下，银行将通过提高利率来进一步识别企业的信贷风险。同时，经济政策不确定性使企业未来的现金流变得更加不稳定，因此出现债务违约的风险将上升。这些因素使企业获得外部融资的成本提高，促使其降低自身的杠杆率水平。基于美国资本市场的实证研究验证了这个影响渠道的存在，比如已有文献指出，政策不确定性增加提高了美国债券市场中多种债券的风险溢价（Gao and Qi，2012），增加了企业的债务成本，降低了上市公司的杠杆率。同时，银行在与公司敲定贷款合同时将附加更严格的条款（Francis et al.，2014）等。

其次，从资金需求方面看，在投资不可逆或者存在调整成本的情况下，企业掌握的投资机会被看作一项期权权利，经济政策不确定性增加将提高期权的价值，即当前投资的机会成本增加，企业将更倾向于继续观望（Bloom et al.，2007）。同时，随着经济政策不确定性增加，企业在面对投资机会时将变得更加谨慎，企业投资水平将下降（Kang et al.，2014），因此对外融资的需求将减小。综上所述，针对国外企业的研究证明，在经济政策不确定性增加的情况下，企业融资活动从资金的供给与需求方面都面临着萎缩。如果进一步考虑这个现象的后果，这说明企业对外融资规模从整体上减小了，同时意味着企业向目标资本结构进行动态调整的速度变慢了。

(2) 针对中国企业的相关研究。

针对中国上市公司的研究也发现了类似的现象。一方面，企业出于自身的资金需求变动的考虑会主动地调整融资策略和资本结构；另一方面，由于受到经济政策不确定性影响，企业面对的资金供给方对待企业融资需求的态度将发生变化，企业不得不顺应环境的变化被动地改变资本结构调整的速度。

首先，一些文章从内因上展开了分析。张光利等（2017）针对中国上市公司的研究发现，在经济政策不确定性增加时，主要出于风险预防动机，企业将提高持有现金的水平和速度，这种影响在非国有企业中表现更明显。李凤羽和杨墨竹（2015）认为经济政策不确定性对于我国企业的投资行为有显著的抑制作用；对于产权性质不同的企业，投资受抑制的程度也有差异，其中国有企业的投资水平受影响较小。谭小芬和张文婧（2017）进一步提出经济政策不确定性对企业投资的影响，主要通过实物期权和金融摩擦渠道——前者使企业等待观望直到经济政策不确定性缓解；后者则增加了企业开展经济活动的融资成本，此时需要实施能够提高金融市场流动性的针对性措施，缓解相应的负面影响。总之，基于中国企业的实证研究在整体上得到了与国外企业研究相似的结果。

其次，另外一些研究则从外因上出发。顾文涛等（2017）研究了经济政策不确定性对中国上市公司投资水平的影响，发现银行信贷渠道的传导是存在的，这种影响对于融资约束程度高的企业更加显著。国有企业比非国有企业面临的融资约束程度更低，所以受到的影响更小。王化成等（2016）发现，当经济政策不确定性增加时，企业获得的商业信用有缩小的趋势，但国有企业受到的冲击较小。Zhang 等（2015）研究了 2003—2013 年中国上市公司资本结构受经济政策不确定性的影响情况发现，随着经济政策不确定性增加，公司将降低自身杠杆，但其中国有企业的银企联系密切和政治关联较强，减弱了这种冲击的影响；同时证明，该负面冲击本质上源于外部融资环境的恶化。已有文献说明，经济政策不确定性增加收紧了企业的融资约束，但国有企业受到的影响相对较小。

（3）政治不确定性与公司资本结构调整速度。

除了从经济政策不确定性角度进行考察以外，一些文献研究了政治不确定性对公司资本结构调整速度的影响。Colak 等（2014）发现，在政治不确定性较高时，企业进行债务和股权融资的成本上升，即调整资本结构面临更大的代价，因此将降低变动的频率和幅度，使资本结构调整的整体速度下降。Boutchkova 等（2011）认为政治不确定性增加将放大资本市场的波动性，证券承销商将索要更高的承销费用，从而提高了企业通过金融中介进行融资的成本，减缓其资本结构的调整速度。但与前文不相同的是，An 等（2016）认为国有控股、经济重要性较大的企业在政治不确定性增加时投资规模下降较大；Atanassov 等（2015）以州长选举年为变量衡量政治不确定性发现，企业的投资在这些年份存在增长。这说明，本部分关注的问题在学术界还存在着一些争议，对此类问题开展研究对于澄清企业资本结构调整的变化情况有一定的意义。另外，由于经济政策不确定性在内涵上与政治不确定性存在联系，从经济政策不确定性出发提出的研究假设与得到的实证结论应该能从逻辑推理上与政治不确定性角度的研究成果相互参照。所以，上述观点与结论为本书研究经济政策不确定性的影响提供了有益的启示。

2.3.7　文献述评

现有研究对经济政策不确定性与企业创新、投资效率、存货管理、盈余管理、资本结构调整都进行了不同程度的研究，得到了丰富的研究成果，为本书的研究奠定了基础。但是，现有研究依然存在一些不足或不全面之处，有待进一步深入研究。

第一，从经济政策不确定性与企业创新的已有研究来看，经济学家们普遍认为在技术创新活动中，由于创新成果在一定意义上有公共产品的特征，创新产生的收益不能够被进行研究创新活动的公司和单位独占，所以需要政府的力量来鼓励私人部门进行科学技术的创新，其中政府资助是一种重要的政策工具。综合来看，现有文献关于政府政策、经济政策不确定性等对企业创新的影响已形成了一定的成果，基本都采用了实证分析来论证观点，研究视角各有不同，但都为今后的研究做出了积极的贡献，也为政府等相关部门制定合理的政策制度提供了借鉴和理论依据。但是，不可否认的是，关于经济政策不确定性对企业创新影响的已有研究尚存在一些不全面之处，需进一步深入探讨、研究。(1) 现有研究对于经济政策不确定性与企业创新之间的关系尚未得出统一的结论，主要包括两种观点。在存在经济政策不确定性时，一方面，企业可能受制于信息不完全和融资约束而减少创新活动，但另一方面，企业也可能为了建立核心竞争力而采取主动策略加大研发投入，积极承担创新活动的风险和成本。对于我国经济政策不确定性究竟如何影响企业创新活动还有待进一步研究。(2) 对于不同产权性质的企业，经济政策不确定性与创新之间的关系存在差异，国有企业和非国有企业所面临的政策环境、监督力度和企业内部的激励约束实际上存在差别，这使得管理层在是否加大研发投入的决策上也不尽相同，而这一方面的研究尚不够充分，未来还有待深入研究。(3) 现有文献鲜有探讨制度环境或者市场化程度在企业研发方面的作用，尤其是对经济政策不确定性与企业创新之间关系是否存在一定的调节作用还有待研究。

第二，从经济政策不确定性与企业投资效率的已有研究来看，学者们对于企业投资行为的研究已形成了一定的成果，对影响企业投资的企业内部治理因素和外部环境因素进行了一定的探讨，对经济政策不确定性是否会抑制投资或促进投资的研究也有了一些实证支撑，为今后相关领域的研究做出了积极的贡献，也为政府等相关部门制定合理的政策制度提供了借鉴和理论依据。但关于经济政策不确定性和企业投资效率的已有研究还有待进一步深入，具体表现在以下方面：(1) 现有研究多关注企业投资行为决策，如经济政策不确定性能否促进企业投资或是抑制企业投资，但对经济政策不确定性对投资效率的影响研究较少。投资效率作为评价企业投资效果的指标，反映了企业投资过度或投资不足的程度，改善投资决策是企业经营决策的重要目标，值得学者们进一步深入探讨。(2) 对于不同产权性质的企业，经济政策不确定性与企业投资之间关系的差异需引起重视。国有企业和非国有企业所面临的融资约束、政策环境、监督激励等都存在差异，尤其是国有企业在获取信息、资金等资源时比非国有企业更有优势，这使得管理层在是否加大投资某个新项目上的决策也不尽相同，而这一方面的研究尚不够充分，未来还有待深入研究。（3）现有文献鲜有探讨投资机会的高低在企业投资效率方面的作用，在面临不同的投资机会时，经济政策不确定性对企业投资效率的影响是否存在差异还有待研究。

第三，从经济政策不确定性与企业存货管理关系的已有研究来看，综合国内外现有文献，学者们对于企业存货管理的界定、动机以及影响因素等方面进行了充分的讨论并形成了一定的学术成果。对于企业存货管理的界定，学术界主要从存货管理对企业的意义、存货管理主要包括的操作内容及相应会计准则等角度对其进行定义。企业存货管理关系到企业生存发展的方方面面，主要动机是提高经济效益，增强企业竞争力，更好地适应宏观形势。而影响企业存货管理行为的因素分为企业内部因素和外部影响因素两类，对于企业内部因素的影响，学术界分别从理论和实证角度进行了分析与检验，为本书提供了大量的文献基础，前文也进行了较全面的总结。但目前来看，学者对于外部环境因素影响企业存货管理行为的研究还比较有限。（1）现有研究主要是采用经济政策调整（货币政策、财政政策等）的视角研究其对企业存货管理的影响，如采用 GDP、CPI、PPI、利率水平等指标探究其与存货持有水平之间的关系，但没有从经济政策不确定性视角进行相关研究。（2）采用区分企业产权性质和企业所处行业特征进行深入研究经济政策不确定性对企业存货管理影响的相关文献还比较少见。

第四，从经济政策不确定性与企业盈余管理的已有研究来看，学者们对于企业盈余管理的定义、动机以及影响因素等方面进行了充分的讨论并形成了一定的学术成果。针对企业盈余管理的定义，学术界主要从企业进行盈余管理的动机、企业对会计数据的干预程度以及盈余管理操作是否符合会计准则三个角度对其进行定义。企业盈余管理的动机主要有契约动机、融资动机以及政治动机等，旨在最大化管理层利益或者降低企业的经营成本。而影响企业盈余管理行为的因素分为内部治理因素和外部环境因素两种，学术界分别从理论和实证角度进行了分析与检验，为本书提供了大量的文献基础。但目前来看，学者们对于外部环境因素影响企业盈余管理行为的研究还比较有限。(1) 对于外部经济政策不确定性指标的构建主要从行业的竞争或景气程度、企业自身经营情况的波动等角度着手，忽略了宏观大环境对企业盈余管理行为的影响。(2) 少数学者研究政策环境的影响时，仅侧重对某一个经济政策的研究，如货币政策、税收政策等，无法对整体经济政策环境展开分析，还存在着较大的研究空间。(3) 现有研究还未涉及对企业所处行业的特征进行分类研究，亟须填补相应研究空白。

第五，从经济政策不确定性与企业资本结构调整的已有研究来看，学者们从融资的供给侧和需求侧两个视角探讨了经济政策不确定性对企业资本结构调整的影响，得到了相当丰富的研究成果，但是整体来看仍比较有限。(1) 现有国内外研究只是针对经济政策不确定性对企业的融资行为、投资行为或现金持有等某个方面的影响进行讨论，逻辑线条没有进一步延伸：融资、投资行为的变化将进一步影响企业的资本结构调整行为。(2) 很多研究开展的讨论仅仅停留在通过经验方法、逻辑方法得到定性结论的层面，缺少定量分析，导致分析结果可信度不高，也是未来可以进一步深入研究的视角。(3) 已有文献虽然针对相关主题研究了产权性质不同的企业在经济政策不确定性增加时的不同表现，但这些文献也并未得到统一的结论，更没有对企业所属行业进行分类并深入研究，这些都为今后研究提供了空间。

第 3 章 经济政策不确定性与企业创新

3.1 理论分析与研究假设

3.1.1 经济政策不确定性对企业创新的影响

企业作为技术创新的微观经济主体，加大研发资金投入是增加其产品科技含量、提高其创新能力的不竭动力和有效保证。改革开放以来，我国的研发投入与发达国家之间的差距逐步缩小，我国企业的研发经费支出要远远高于国家研究机构和各高校实验室，且企业对技术积累和创新的依赖逐渐增大，平均专利成果数也大幅增加，这充分说明我国在新时期下已基本形成一个以市场、企业为核心的创新体制。随着我国研发实力进一步增强，企业对创新越来越重视，但创新具有高风险和周期长等特点。企业创新活动具有产出不确定性高和知识外溢性等特征。创新活动的产出具有高不确定性，研发活动中外部投资者面临更严重的信息不对称，而且创新过程有很高的监管成本，很多成本难以量化。并且，创新活动在某种意义上具有公共产品的特征，创新过程形成的知识成果容易被外部主体零成本获取，无法仅限制在企业内部。此外，企业的研发活动产生收益也通常需要较为漫长的商业化过程，创新的成果通常与研发人员的人力资本相联系，是一项长期投资，也难以准确度量。因此，创新活动具有较高的风险性。为了进行创新活动，企业要拥有足够的内部资金或者便利的外部融资，而且创新活动的产出需要有比较稳定的市场和政策制度来支持。

当企业面临不确定的经济政策环境时，一方面，企业可能更不愿意冒险进行研发投入（Bloom et al.，2007；Andrea，2012）。经济政策不确定性使得企业等待的价值增加，而研发活动具有高风险性和高投入性，为避免经济损失，理性的企业会暂且减少研发投入（Bloom et al.，2007）。研发活动作为高投入项目，本身周期长、不确定性大，因而对政策的敏感性也更高（郭华，等，2016）。经济政策不确定性越高，未来市场竞争环境的不确定性也越高，企业所能获取的信息更不完全，更加难以预测其开展创新活动的未来收益和成本，这使得企业的创新活动决策风险增加，更有可能选择减少研发投入来避免损失（陈德球，等，2016）。同时，企业所面临的融资环境的不确定性增加，获取多方融资渠道、融资成本等信息更不易，为企业研发活动提供支持的资金来源更加不确定，故而企业创新的动力下降，很可能推迟研发决策（郭华，等，2016）。另一方面，在面临不确定的经济政策环境时，企业可能主动采取创新策略以提升市场竞争力。在不确定的外部环境压力下，企业更积极主动寻求研发创新来应对外部环境的变化，力求增强企业核心竞争力，寻求新的利润增长点（贾良定，等，2005；袁建国，等，2015）。同时，为了应对信息不完全的环境、引导客户需求、建立企业独创性优势，企业也可能会采取探索式策略，增加创新投入，减少因外部环境波动造成的损失（王凯和武立东，2016）。尤其是对于风险偏好程度更高的企业，经济政策不确定性更高时，这类企业更可能采取主动策略，更愿意主动创新以寻求自身发展（孟庆斌，等，2017）。因而，经济政策不确定性对企业创新的作用机制主要分为两方面，具体如图3-1所示：

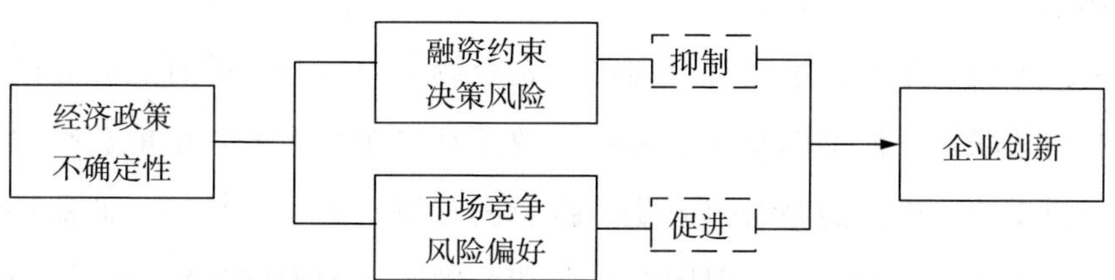

图3-1 经济政策不确定性对企业创新的作用机制

综合上述分析，本书认为，随着我国市场化程度的提高，企业所面临的市场竞争更加激烈，企业创新的主要目标是获得未来的竞争优势和市场地位，尽管经济政策不确定性程度的提高增加了未来市场的不确定性，也使得企业面临的融资环境变差，但正是在这样的外部环境压力下，企业更需要积极寻求研发创新来应对外部环境的变化，找准自身定位，进行产品和技术升级，力求增强企业核心竞争力，尤其是风险偏好程度更高的企业更可能主动创新以寻求自身发展。即经济政策不确定性的提高可能会促进企业增加创新以提高市场竞争优势。据此提出本章的第一项研究假设：

H3－1：基于市场竞争和风险偏好，经济政策不确定性会促进企业创新。

3.1.2 不同产权性质下的区别

一方面，通常情况下，国有企业的所有者缺位这一现实使得其创新激励不足，而创新活动又具有风险大、投资周期长等特点，因而国有企业管理层本身可能为了追求自身的加薪、升职和声誉等短期私人利益而不愿开展不确定性太大的创新活动（解维敏，等，2009）。袁建国等（2015）指出，在处于经济转型时期的我国，国有企业特殊的所有权安排使得管理层无法承担长周期的企业创新风险，在薪酬激励不足的情况下，国有企业管理层更不愿意参与高风险的创新活动。而对于非国有企业而言，其委托代理问题相对较轻，薪酬激励也较为充足，在经济政策不确定时，为了获取创新活动的收益以赢得市场竞争地位，管理层更愿意承担风险去加大创新投入。即经济政策不确定性会显著促进非国有企业的创新行为，而对国有企业创新没有显著影响。

另一方面，国家政策通常会向国有企业倾斜，政府和国有企业之间存在各种利益关联，这使得国有企业面临的政策环境更为宽松，可能获得更多的金融优惠支持。中国的金融体系是以银行间接融资为主的体系，商业银行是企业重要的外部融资渠道，但国有企业和非国有企业面临的银行融资条件不同，即银行业存在信贷歧视政策，国有企业具有获得银行贷款的优先条件，而非国有企业由于规模、信用基础等限制难以获得银行充足的贷款，且政府对其政策支持也不如国有企业，因而非国有企业比国有企业的融资约束更大（张杰，等，2012；成力为、戴小勇，2012）。而充足的外部融资是企业进行创新活动的重要资金保障，因此，国有企业在政策支持和足够的资金支持下更愿意在经济政策不确定的环境下加大创新投入以寻求发展，而非国有企业在面临不确定的经济政策环境时本身就不容易得到政策支持，融资约束更大，更无法积极加大创新投入。即经济政策不确定性会显著促进国有企业的创新行为，而对非国有企业创新没有显著影响。

基于此，本书认为，由于即便在经济政策不确定的环境下，国有企业比非国有企业受到的政策支持更大，信贷支持也更加充分，所以国有企业更愿意承担风险参与创新，因而经济政策不确定性将对国有企业的创新活动产生更大程度的促进作用。据此我们提出本章的第二项研究假设：

H3－2：经济政策不确定性会显著促进国有企业的创新活动，而对非国有企业的创新无显著影响。

3.1.3　制度环境的影响

由于我国实施了渐进式的改革措施，各地区的市场化程度差距较大，如果上市公司所处区域的制度环境较差，那么经济政策不确定性将对企业研发行为产生更加显著的影响。一方面，当制度环境不够完善时，若经济政策不确定性较高，政府干预行为的不确定性程度将上升，微观经济主体的预期将发生更大的改变（袁建国，等，2015）。即制度环境水平较低时，经济政策不确定性加大了这些地区市场环境的不稳定程度，企业为了尽快找准定位，赢得市场竞争优势，可能加大创新投入以实现自我发展。另一方面，制度环境作为一种重要的外部监督机制，有一定的公司治理效应（罗进辉和杜兴强，2014），完善的制度环境所产生的正式规范，能够对公司管理层的冒险行为形成约束力量并产生监督效应，进而对经济政策不确定性与企业创新之间的关系产生影响。上市公司所处地区制度环境越好，其公司管理层行为所受到的规范约束越大，因而公司治理水平相对越高。不可否认，通常在制度环境较好的地区，投资者保护制度和法律法规体系更为完善，管理层损害股东利益的行为会因较高的惩罚成本受到约束（Bushman et al.，2006），因而在经济政策不确定性较高时，管理层会倾向于减少高风险的研发投入以缓解和股东之间的代理冲突。

基于此，本书认为，当上市公司所处地区的制度环境越不完善时，企业所面临的外部经济环境的不稳定程度越高，同时管理层参与高风险创新活动所受的约束越少，因而企业更可能不顾股东利益参与不确定性较高的创新活动以寻求自身发展，提升市场竞争力。即制度环境越差时，经济政策不确定性对企业创新行为的促进作用越显著，反之，制度环境越完善时，经济政策不确定性对企业创新行为的促进作用会减弱。据此，我们提出本章的第三项研究假设：

H3－3：制度环境水平越低，经济政策不确定性对企业创新的促进作用越显著。

3.2 研究设计

3.2.1 样本选择与数据来源

本章选取2009—2016年沪深A股上市公司的年度数据为初始样本，数据主要来源于国泰安CSMAR数据库，其中制度环境数据来自樊纲等（2016）编制的中国市场化相对指数，行业分类按照证监会2012年行业分类标准。为保证研究结果的可靠性，对初始样本进行如下筛选：（1）剔除变量数据缺失的样本；（2）剔除金融类上市公司，避免金融类上市公司的监管制度和报表结构与其他公司差异较大的影响；（3）剔除当年上市和样本期间曾被ST、*ST处理的异常公司样本；（4）对连续变量进行上下1%的缩尾（Winsorize）处理，消除极端值的影响（根据之后的描述性统计，其中连续变量成长性Q的分布太过分散，而其他变量的标准差都较小，故而最终仅对变量成长性 Q 进行缩尾处理）（解维敏，等，2009；李万福，等，2017）。经过上述处理后最终得到 9 589 个样本企业的数据进行分析。

3.2.2　变量定义与度量

1. 企业创新

企业创新作为被解释变量，代表样本公司当年研发支出和产出行为，本书采用研发投入强度 RD 这一指标衡量企业创新投入，即企业研发投入占企业总资产的百分比，该比例越高表示企业创新活动越活跃。研发投入实际是公司为了达成创造性的活动而产生的投入，包含研发费用、研发人员、信息获取以及创新等很多方面的投入。其中，研发费用投入是研发活动能够正常进行的有利保证和物质基础，具体来说是在一个统计年度内真实用于基础研发、应用探究以及试验发展等一系列过程的研究经费投入，包括真实用于研究与试验活动开展的原始材料费用、管理费用、固定资产的购买费用、给予工作人员的劳务费用和一些其他费用的投入。当下对于公司而言，研发费用投入具体是指公司在开拓创新过程中各项费用的支出总额。资金投入量越大说明企业对创新越重视，也更加容易进行科学技术的创新，推动企业早日实现升级变革。

2. 经济政策不确定性

本章经济政策不确定性的数据采用 Baker 等（2013）基于《南华早报》编制的月度中国经济政策不确定性指数，由于经济政策不确定性指数为月度数据，在此将每年的月度数据进行算术平均得到年度经济政策不确定性指数，作为经济政策不确定性的衡量指标（饶品贵和徐子慧，2017）。

3. 企业性质

本书依据上市企业实际控股人的性质把上市企业划分为国有企业和非国有企业。不同性质的企业所面对的政策支持和融资约束情况不尽相同，因此本书分别对全样本、国有企业和非国有企业样本进行分析，以观察经济政策不确定性对企业创新的影响在不同性质的企业中是否存在区别（李万福，等，2017）。

4. 制度环境

制度环境采用王小鲁、樊纲和余静文（2016）编制的中国市场化相对指数进行度量。制度环境 MKT 是评价市场化改革进程的基本状况的指标。在以往文献研究中，学者们普遍使用《中国市场化指数：各地区市场化相对进程 2011 年报告》（樊纲、王小鲁和朱恒鹏，2011）中各省份的市场化相对指数来衡量制度环境这一指标。本书使用最新出版的王小鲁、樊纲、余静文编制的《中国分省份市场化指数报告（2016）》，其中包括中国各省份 2008—2014 年的市场化总指数评分，2014 年之后各年度的指数值用 2008—2014 年间的指数平均增长率计算而得（杨记军，等，2010；甄红线，等，2015）。用上市公司注册地所属省份的市场化总指数代表该企业所处地区的制度环境，该指数评分越高，该地区制度环境越完善。

5. 控制变量

借鉴已有文献对控制变量的选取和度量方法（解维敏，等，2009；李万福，等，2017），本书最终对如下变量进行控制：（1）管理层持股，当管理层持股时定义为 1，未持股定义为 0；（2）独立董事占比，即独立董事人数占董事总人数之比；（3）现金流，计算方法为企业经营活动现金流与总资产之比；（4）企业规模，定义公司规模等于总资产的自然对数；（5）资产负债率，即总负债与总资产之比；（6）固定资产比率，即固定资产和总资产之比；（7）总资产回报率，为企业净利润与总资产之比；（8）企业年龄，计算方法为相应年份＋1－公司成立年份；（9）成长性，即托宾 Q 值。各主要变量的具体名称、符号和计算方法见表 3-1（为控制固定效应，应引进年度虚拟变量和行业虚拟变量，但在引进后与解释变量之间存在共线性，故在此对年度固定效应和行业固定效应不予控制）：

表 3-1　模型变量定义一览表

变量类型	变量名称	变量符号	计算方法
被解释变量	企业创新	*RD*	研发投入占总资产百分比
解释变量	经济政策不确定性	*EPU*	《南华早报》编制的经济政策不确定性指数
	制度环境	*MKT*	樊纲等（2016）编制的市场化总指数评分
控制变量	管理层持股	*MANAGER*	管理层持股为 1，未持股则为 0
	独立董事占比	*INDEP*	独立董事人数占董事总人数之比
	现金流	*CF*	企业经营活动现金流与总资产之比
	企业规模	*LNASSET*	总资产的自然对数
	资产负债率	*LEV*	总负债与总资产之比
	固定资产比率	*FA*	固定资产与总资产之比
	总资产回报率	*ROA*	企业净利润与总资产之比
	企业年龄	*AGE*	相应年份＋1－公司成立年份
	成长性	*Q*	托宾 *Q* 值

3.2.3　实证模型

基于上文所建立的研究假设，构建多元回归模型进行检验。首先，建立模型（3-1）研究经济政策不确定性对企业创新的影响，对假设 H3-1 进行检验：

$$RD_{i,t}=\beta_0+\beta_1 EPU_{i,t-1}+\gamma\times ControlVariable_{i,t}-1+\varepsilon_{i,t} \quad (3-1)$$

其次，将样本根据上市公司实际控制人的性质分为国有企业和非国有企业，分别对两组样本检验模型（3-1）中经济政策不确定性对企业创新的影响，检验假设 H3-2 是否成立。

最后，建立模型（3-2）引入经济政策不确定性 *EPU* 与制度环境 *MKT* 的交叉项，分析制度环境对经济政策不确定性与企业创新之间关系的影响，对假设 H3-3 进行检验：

$$RD_{i,t}=\beta_0+\beta_1 EPU_{i,t-1}+\beta_2 MKT_{i,t-1}+\beta_3 EPU_{i,t-1}\times MKT_{i,t-1}+\gamma\times ControlVariable_{i,t-1}+\varepsilon_{i,t} \quad (3-2)$$

其中，*RD* 为企业创新，*EPU* 为经济政策不确定性，*ControlVariable* 为各控制变量，包括管理层持股 *MANAGER*、独立董事占比 *INDEP*、现金流 *CF*、企业规模 *LNASSET*、资产负债率 *LEV*、固定资产比率 *FA*、总资产回报率 *ROA*、企业年龄 *AGE* 以及成长性 *Q*。

若假设 H3-1 成立，则模型（3-1）中的 β_1 应显著为正值；若假设 H3-2 成立，则国有企业的 β_1 应显著为正值。若假设 H3-3 成立，则模型（3-2）中的 β_3 应显著为负值。考虑到经济政策不确定性对企业创新活动的影响存在滞后性，本书研究滞后一期的解释变量对被解释变量企业创新的影响。

3.3 实证结果与分析

3.3.1 描述性统计分析

为统计各变量的基本描述性特征，进行描述性统计分析。表 3-2 显示了本章主要变量的描述性统计结果，由该结果可知：（1）企业创新的衡量指标研发投入强度 *RD* 的平均值和标准差分别为 0.026 2 和 0.058 4，表明样本公司间研发投入差异不大；（2）经济政策不确定性指标 *EPU* 的平均值为 161.517 7，标准差为 47.483 7，表明我国经济政策不确定性的不稳定性较大，这也是要深入探讨其经济后果的重要原因；（3）制度环境 *MKT* 的中位数为 8.070 0，标准差为 1.699 7，表明我国各地区制度环境发展不均衡；（4）其他变量的分布均在合理范围内。

表 3-2　描述性统计结果

变量	平均值	中位数	最大值	最小值	标准差	样本数
RD	0.026 2	0.020 0	4.612 9	0.000 0	0.058 4	9 589
EPU	161.517 7	170.636 4	244.398 3	98.888 2	47.483 7	9 589
INDEP	0.372 1	0.333 3	0.800 0	0.090 9	0.054 9	9 589
MANAGER	0.789 2	1.000 0	1.000 0	0.000 0	0.407 9	9 589

续前表

变量	平均值	中位数	最大值	最小值	标准差	样本数
FA	0.218 8	0.190 0	0.920 4	0.000 0	0.146 8	9 589
LEV	0.387 9	0.372 0	1.067 0	−0.194 7	0.209 8	9 589
Q	2.462 8	1.859 2	11.376 1	0.212 9	2.061 1	9 589
ROA	0.053 2	0.046 3	7.108 9	−0.462 0	0.091 9	9 589
AGE	14.608 0	14.000 0	49.000 0	1.000 0	5.488 7	9 589
CF	0.042 0	0.037 5	0.713 5	−0.679 6	0.075 9	9 589
SIZE	21.824 1	21.616 7	28.508 7	15.979 2	1.241 1	9 589
MKT	7.854 0	8.070 0	10.164 3	−0.300 0	1.699 7	9 589

3.3.2　相关性检验与分析

为初步判断各变量之间是否存在较大的相关性，进行相关性分析。表 3-3 显示了本章各主要变量之间的相关性检验结果，由该结果可知：(1) 经济政策不确定性 *EPU* 和企业创新 *RD* 之间的相关系数为 0.006 3，初步表明经济政策不确定性对企业创新是有促进作用的，与本书的假设 H3-1 一致；(2) 制度环境 *MKT* 与企业创新 *RD* 之间的相关系数为 0.057 7，与本书的假设不太一致，但为了进一步探究制度环境的影响，需进一步进行回归分析；(3) 其他变量之间的相关系数的绝对值均低于 0.6，不存在明显的共线性，均予以保留。

表 3-3　　相关性检验结果

	RD	*EPU*	*INDEP*	*MANAGER*	*FA*	*LEV*	*Q*	*ROA*	*AGE*	*CF*	*SIZE*	*MKT*
RD	1.000 0											
EPU	0.006 3	1.000 0										
INDEP	0.018 4	−0.000 2	1.000 0									
MANAGER	0.048 5	0.003 7	0.015 9	1.000 0								
FA	−0.098 9	−0.017 1	−0.051 6	−0.110 3	1.000 0							

续前表

	RD	*EPU*	*INDEP*	*MANAGER*	*FA*	*LEV*	*Q*	*ROA*	*AGE*	*CF*	*SIZE*	*MKT*
LEV	−0.071 4	0.013 3	−0.014 2	−0.151 3	0.230 8	1.000 0						
Q	0.188 8	−0.086 1	0.051 4	0.104 0	−0.223 4	−0.448 8	1.000 0					
ROA	0.192 3	−0.019 5	0.000 2	0.062 3	−0.162 7	−0.275 5	0.259 0	1.000 0				
AGE	−0.030 5	0.029 6	−0.021 1	−0.050 7	0.084 8	0.255 4	−0.060 0	−0.077 9	1.000 0			
CF	0.027 8	−0.004 1	−0.019 6	−0.004 0	0.188 8	−0.081 9	0.115 9	0.200 9	0.041 2	1.000 0		
SIZE	−0.142 4	0.014 1	0.029 4	−0.093 6	0.182 3	0.565 4	−0.459 7	−0.101 1	0.212 6	0.094 4	1.000 0	
MKT	0.057 7	−0.003 3	0.030 8	0.141 6	−0.111 7	−0.079 4	0.116 0	0.035 4	0.047 8	0.048 8	−0.018 0	1.000 0

3.3.3 实证分析

基于上文的研究假设，本章对全样本、国有企业和非国有企业样本分别进行检验，表 3－4 展示了主要的多元回归结果。其中，列（a）为针对假设 H3－1 的多元回归结果，列（b）为加上经济政策不确定性 *EPU* 和制度环境 *MKT* 交叉项之后的回归结果，即对本章研究假设 H3－3 的检验。

根据全样本的回归结果可知：（1）列（a）显示，经济政策不确定性 *EPU* 的系数为正且在 5%的显著性水平下显著。这表明经济政策不确定性会促进企业创新活动，即企业为了在不确定的市场环境下获得竞争优势，扩大市场占有份额，形成企业独一无二的核心竞争力，避免因外部环境不稳定造成的利润损失而主动加大研发投入获得发展，即研究假设 H3－1 成立。（2）列（b）显示，在加入交叉项后，制度环境 *MKT* 的系数为正值且在 1%显著性水平下显著，*EPU* 和 *MKT* 的交叉项系数为负值且在 1%的显著性水平下显著。这表明随着制度环境水平的提高，经济政策不确定性对企业创新的促进作用会减弱，证实了假设 H3－3 的成立。即当上市公司所处地区的制度环境越不完善时，企业所面临的外部环境越不稳定，同时管理层参与高风险创新活动所受的约束越小，因而企业管理层更可能不顾股东利益参与不确定性较高的创新活动以寻求发展。而当制度环境较完善时，企业管理层行为所受的规范约束较大，受到股东的监督也更严格，而创新活动风险高且周期长，因而经济政策不确定性促进企业创新的效果会降低。

比较国有企业和非国有企业样本的回归结果可知：（1）国有企业的列（a）显示经济政策不确定性 *EPU* 的系数为正且在 10%的显著性水平下显著，非国有企业的列（a）显示经济政策不确定性 *EPU* 的系数为正值，但并不显著，表明区分企业性质之后，经济政策不确定性对企业创新的影响存在差异。经济政策不确定性会促进国有企业的创新活动，而不会显著促进非国有企业的创新活动，这证实了假设 H3－2 成立。对此的解释是，随着市场化改革和国有企业改革的加速推进，国有企业所面临的竞争环境更加激烈，因而国有企业为了在不确定的市场环境下获得竞争优势而主动加大研发投入获得发展，并且国有企业受到的政策支持比非国有企业更多，其资金来源比非国有企业更为充足，因而更愿意加大创新投入。相反，非国有企业面临较大的融资约束，难以加大研发投入。即经济政策不确定性会显著促进国有企业的创新活动，而对非国有企业创新的影响不够明显。（2）国有企业和非国有企业的列（b）都显示了经济政策不确定性 *EPU* 和制度环境 *MKT* 交叉项的系数为负且在 1%的显著性水平下显著，这与全样本的结果一致，进一步验证了假设 H3－3 成立，即制度环境水平越低，经济政策不确定性对企业创新行为的促进作用越显著。

表 3－4　　被解释变量为研发投入强度 *RD* 的回归结果

	全样本		国有企业		非国有企业	
	(a)	(b)	(a)	(b)	(a)	(b)
EPU	0.000 1** (2.05)	0.000 2*** (3.36)	0.000 1* (1.82)	0.000 2* (1.730)	0.000 1 (0.83)	0.000 1*** (2.75)
MKT	—	0.004 8*** (3.89)	—	0.004 8 (1.56)	—	0.004 6*** (4.83)
EPU×*MKT*	—	−0.000 1*** (−2.99)	—	−0.000 1*** (−1.33)	—	−0.000 1*** (−2.67)

续前表

	全样本		国有企业		非国有企业	
	(a)	(b)	(a)	(b)	(a)	(b)
INDEP	0.015 2 (1.44)	0.014 3 (1.36)	0.034 0 (1.26)	0.033 9 (1.25)	0.007 5 (0.96)	0.006 5 (0.83)
MANAGER	0.003 6** (2.55)	0.003 0** (2.05)	0.007 8** (2.45)	0.007 5** (2.36)	0.002 4* (1.95)	0.001 8 (1.48)
FA	−0.018 0*** (−4.25)	−0.016 5*** (−3.89)	−0.027 9*** (−2.83)	−0.026 2*** (−2.62)	−0.014 3*** (−4.17)	−0.013 8*** (−4.04)
LEV	0.033 3*** (9.18)	0.033 8*** (9.32)	0.053 0*** (5.28)	0.053 2*** (5.30)	0.013 8*** (5.10)	−0.013 9*** (5.15)
Q	0.003 7*** (10.76)	0.003 6*** (10.62)	0.008 9*** (6.34)	0.008 8*** (6.28)	0.002 5*** (11.41)	0.002 4*** (10.94)
ROA	0.106 9*** (15.76)	0.106 8*** (15.76)	−0.041 4 (−1.13)	−0.040 5 (−1.10)	0.122 0*** (29.21)	0.122 6*** (29.48)
AGE	−0.000 1 (−0.95)	−0.000 1 (−1.27)	−0.000 5 (−1.60)	−0.000 6* (−1.80)	−0.000 1 (−0.61)	−0.000 1 (−1.14)
CF	0.007 6 (0.93)	0.006 2 (0.76)	0.013 0 (0.52)	0.011 1 (0.45)	0.016 6*** (2.94)	0.015 0*** (2.66)
SIZE	−0.005 8*** (−9.55)	−0.005 9*** (−9.70)	−0.006 6*** (−4.81)	−0.006 9*** (−4.91)	−0.003 7*** (−6.80)	−0.004 0*** (−7.29)
F	74.64	64.19	13.48	11.47	147.86	130.75
$Adj\text{-}R^2$	0.071 3	0.073 3	0.037 9	0.038 1	0.186 3	0.195 3
N	9 589	9 589	3 174	3 174	6 415	6 415

说明：表中数据为各变量的回归系数，括号内的数值为 *t* 值；***、**、* 分别表示在显著性水平1%、5%和 10%下显著。

3.3.4 稳健性检验

上述实证分析结果已针对本章的假设得出了结论，为了检验和保证本章实证研究结果的可靠性，我们在前述研究的基础上进行了稳健性检验。首先，本章用专利成果数量 *PATENT* 代替研发投入强度 *RD* 作为企业创新的衡量指标，与研发投入强度对比，专利成果数量从产出这一角度衡量企业创新的成果。专利作为一种无形资产，具有特别重要的商业价值，是企业提升自主竞争力的重要途径和手段。为了尽量减少极端值的影响，本章采用二分法，当企业有专利产出时定义为 1，没有则定义为 0。对假设进行检验后与上述结果基本一致，表明本章的结论应该是稳定的，本章的研究结论依然成立。表 3－5 列示了使用专利成果数量 *PATENT* 代替研发投入强度 *RD* 来衡量企业创新的主要回归结果：

表 3－5　　被解释变量为专利成果数量 *PATENT* 的回归结果

	全样本	
	(a)	(b)
EPU	0.000 2* (1.81)	0.000 1 (0.06)
MKT	—	−0.001 3 (3.89)
EPU×*MKT*	—	0.000 1 (0.32)
INDEP	0.093 3 (0.89)	0.091 6 (0.88)
MANAGER	−0.019 2 (−1.27)	−0.020 0 (−1.32)
FA	−0.034 9 (−0.77)	−0.032 8 (−0.72)
LEV	0.010 8 (0.29)	0.011 1 (0.30)
Q	0.026 5*** (7.98)	0.026 2*** (7.81)

续前表

	全样本	
	(a)	(b)
ROA	0.170 6*** (−3.15)	−0.169 7*** (−3.13)
AGE	0.000 3 (0.29)	0.000 2 (0.24)
CF	0.062 8 (0.72)	0.057 5 (0.66)
SIZE	0.052 8*** (8.35)	0.052 6*** (8.31)
F	13.72	11.48
$Adj\text{-}R^2$	0.023 6	0.023 4
N	5 252	5 252

说明：表中数据为各变量的回归系数，括号内的数值为 t 值；***、**、* 分别表示在显著性水平1%、5%和10%下显著。

3.4 本章小结

在对经济政策不确定性与企业创新相关的文献研究的基础上，本章基于中国沪深 A 股上市公司数据，以研发投入和专利成果来衡量企业创新，探究2010—2016 年中国经济政策不确定性与企业创新之间的关系，以及制度环境对二者关系的调节效应，并区分企业性质对国有企业和非国有企业中经济政策不确定性与企业创新之间的关系进行检验。本章通过实证研究得出以下结论：(1) 基于市场竞争和风险偏好，经济政策不确定性会促进企业创新。对此可能的解释是，在面临不确定的经济政策环境时，企业会主动采取创新策略以寻求利润增长点，提升其核心市场竞争力。企业创新是为了获得未来的竞争优势和市场地位，经济政策不确定性增加使未来市场的不确定性提高、融资环境变差，企业更需要积极寻求研发创新来应对外部环境的变化，进行产品和技术升级来提高竞争优势。(2) 经济政策不确定性会显著促进国有企业的创新活动，但对非国有企业创新的影响不大。国家政策一般会向国有企业倾斜，使其优先获得银行贷款，并可能获得更多的金融优惠支持。非国有企业由于规模、信用基础等原因难以获得银行充足的贷款。因而，国有企业更愿意在经济政策不确定的环境下加大创新投入以寻求发展，而非国有企业在面临不确定的经济政策环境时本身就不容易受到政策支持，融资约束更大，更不愿加大创新投入。因此，经济政策不确定性会显著促进国有企业的创新行为，而对非国有企业创新没有显著影响。（3）制度环境水平越低，经济政策不确定性对企业创新行为的促进作用越显著。当上市企业所处地区的制度环境越不完善时，企业所面临的外部经济环境的不稳定程度越高，同时企业管理层参与高风险创新活动所受的制度约束减弱，在委托代理关系下，企业管理层更可能不顾股东利益参与不确定性较高的创新活动以寻求自身发展，避免利润损失。而在制度环境较完善时，企业管理层行为受到更多的约束，管理层要冒险加大创新投入以增加利润的行为会受到一定的抑制，因而制度环境越差，经济政策不确定性对企业创新行为的促进作用越显著，反之，制度环境越完善，经济政策不确定性对企业创新行为的促进作用会减弱。

结合我国实际与本章的实证研究结论，可以得出以下政策启示：（1）本章的研究结果表明经济政策不确定性能够促进企业创新，这在更大程度上反映了一种长期效应，即通过经济政策的调整使得政策环境最终能够适应和支持企业发展。如今世界发展速度日趋提升，科学技术革命的周期不断缩短，我国也大力推行创新驱动发展这一重要国家战略，提出“大众创业、万众创新”口号以激发市场活力及潜力。事实表明，处于经济转型时期的发展中国家的经济政策调整是必然趋势，未来我国也应该根据企业实际发展需求调整相关政策，积极促进企业创新发展和产业升级。（2）我国的普遍情况是国有企业能够获得比非国有企业更多的政策支持和信贷支持，而非国有企业在面临不确定的经济政策环境时融资约束更大，更难以加大创新投入。为了进一步促进非国有企业的技术创新和产品升级，我国应考虑在政策方面给予非国有企业一定的优惠，通过对企业实际经营情况的审查和评价来给予有发展需求和潜力的非国有企业足够的金融支持，促进非国有企业的创新投入和产出。(3) 本章得出制度环境越差时，经济政策不确定性对企业创新行为的促进作用越显著的结论，但这并不表明不需要健全我国的制度环境，只是在我国经济转型时期，或许应减少政府对市场的过度干预，给企业创新发展留有一定的空间，避免因过度干预而降低企业进行研究开发和技术创新的动力。

第 4 章
经济政策不确定性与企业投资效率

4.1 理论分析与研究假设

4.1.1 经济政策不确定性对企业投资效率的影响

经济政策不确定性直接影响着企业经营的外部环境，尤其是企业的融资环境、市场环境等方面，这将直接影响企业的投资行为。经济政策不确定性对企业投资效率的影响可能是多方面的：一方面，经济政策不确定性增加，企业的市场环境的不确定性也增加，企业经营面临的外部环境变得难以预测，考虑到难以预期政府的政策指向，企业会更加谨慎地进行投资决策（Bloom et al.，2007），避免投资过度而加大风险，增加所承担的责任和成本，同时避免投资不足而浪费投资机会。此时企业管理层会更多基于市场信息进行判断，减少对政府政策的依赖，为了在不确定的经济环境下赢得市场优势而积极主动应对挑战，更加慎重理性地投资（饶品贵，等，2017）。因此，当经济政策不确定性较高时，企业对政府的经济政策难以预期，企业将更加谨慎地分析宏观市场条件而进行投资决策，这有助于促使企业提高投资效率。另一方面，经济政策不确定性对企业投资行为的影响受到融资约束的限制（申慧慧，等，2012）。当经济政策不确定性增加时，企业融资难度和融资成本都提高，企业获取市场政策和信贷支持等信息的难度增加，这可能导致企业没有充足的资源支持好的投资机会，抑制企业投资（李凤羽，等，2015），使企业错失发展机会，降低企业的投资效率（喻坤，等，2014）。因而，经济政策不确定性对企业投资效率的作用机制主要分为两方面，具体如图 4-1 所示：

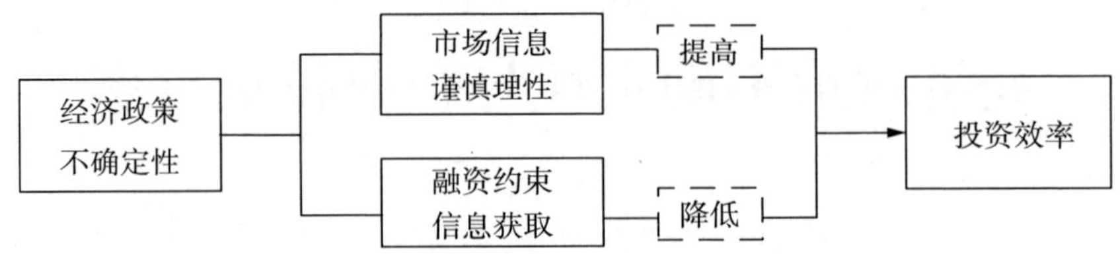

图 4-1　经济政策不确定性对投资效率的作用机制

基于以上分析，经济政策不确定性对企业投资效率最终有何影响主要取决于哪种效应更大。考虑到中国的现实情况是政府对经济的干预程度较大且频繁，在持续推进市场化改革的进程中，我国国有企业的投资决策受到政府力量和市场力量的双重作用。当宏观环境波动较大时，政府出台政策的决策会考虑更多因素，政策指向在短时期内难以明确，经济政策不确定性增加。此时企业的投资决策更多地会依据市场经济层面的因素，为了应对经济政策不确定性的挑战，企业会更加谨慎且主动地改善投资效率。即中国经济政策不确定性的提高更有可能促使企业改善投资效率。据此提出本章第一项研究假设：

H4-1：经济政策不确定性与企业投资效率显著正相关。

4.1.2　不同产权性质下的区别

在我国，不同产权性质的企业所面临的政策支持、融资约束等存在较大差异，通常国有企业具有银行信贷的融资优势和政府的政策优惠支持，非国有企业的融资更为困难。喻坤等（2014）发现国有企业在政策支持下，更容易获得扶持性信贷补贴，而非国有企业则难以获得充足的信贷支持，这使得非国有企业投资效率持续下降。经济政策不确定性加剧了借款人和贷款人之间信息不对称程度，银行降低了贷款供给量，相比国有企业而言，非国有企业由于规模、信用基础等限制难以获得银行充足的贷款，且政府对其政策支持也不如国有企业，因而非国有企业比国有企业的融资约束更大（张杰，等，

2012)，从而使其投资效率进一步降低。而充足的外部融资是企业进行创新活动的重要资金保障，因而国有企业在政策支持和足够的资金支持下更容易在经济政策不确定的环境下改善投资效率。因此，在经济政策不确定的环境下，国有企业由于拥有更多的信贷支持和政策优惠能够更显著地改善投资效率。

同时，在不同产权性质下，企业面临的融资约束不同使得其投资效率和投资非效率表现形式存在差异。国家政策通常会向国有企业倾斜，政府和国有企业之间存在各种利益关联，这使得其面临的政策环境更为宽松，可能获得更多的金融优惠支持，参与更多的投资。因而国有企业投资非效率主要表现为投资过度，非国有企业由于缺乏资金进行投资，其投资非效率则主要表现为投资不足（唐雪松，等，2010)。因此经济政策不确定性对国有企业和非国有企业投资效率的影响也存在一定的差别，国有企业的投资效率行为更可能表现为减少投资过度，非国有企业则更多表现为避免投资不足。

基于上述分析，本书认为，在经济政策不确定的环境下，国有企业本身比非国有企业受到的政策支持更大，也更容易获得充足的信贷支持，因而国有企业更会为了应对不稳定的经济政策环境而谨慎理性地投资，减少投资过度或避免投资不足，主动改善投资效率。据此提出本章的第二项研究假设：

H4－2：在不同产权性质下，经济政策不确定性促进企业改善投资效率的作用存在差异。

4.1.3　不同投资机会下的区别

在不同的投资机会下，企业所能接触到的投资项目和改善投资效率的空间不同，使得经济政策不确定性对企业投资效率的影响效果也可能存在差异。正如前文所述，经济政策不确定性增加可能提高企业的投资效率，即为了应对经济政策不确定性的挑战，企业会更加谨慎且主动地改善投资效率。靳庆鲁等（2012）发现当企业面临较差的投资机会时，宽松货币政策所产生的融资冗余会导致投资非效率；但当企业面临较好投资机会时，宽松的融资环境使得投资机会能够更好地引导企业改善投资效率。较好的投资机会和经济政策不确定性都可能促进企业改善投资效率，二者形成了一定的替代作用，因而在面临较好的投资机会时，经济政策不确定性改善企业投资效率的作用可能就不那么明显，而在企业面临较差的投资机会时，经济政策不确定性改善企业投资效率的作用会更加显著。因此，我们预期当企业面临较差的投资机会时，经济政策不确定性对企业投资效率的促进作用更强，据此提出本章的第三项研究假设：

H4－3：当企业面临较差的投资机会时，经济政策不确定性将更加显著地改善企业的投资效率。

4.2 研究设计

4.2.1 样本选择与数据来源

本章选取2008—2016年沪深A股上市公司的年度数据为初始样本，数据主要来源于国泰安CSMAR数据库，其中行业分类按照证监会2012年行业分类标准。为保证研究结果的可靠性，对初始样本进行如下筛选：(1) 剔除变量数据缺失的样本；(2) 剔除金融类上市公司，避免金融类上市公司的监管制度和报表结构与其他公司差异较大的影响；(3) 剔除当年上市和样本期间曾被ST、*ST处理的异常公司样本；(4) 对连续变量进行上下1%的缩尾处理，消除极端值的影响（辛清泉，等，2007；李凤羽，等，2015）。经过上述处理后最终得到11 834个样本企业的数据进行分析。

4.2.2 变量定义与度量

1. 投资效率

现有文献对投资效率的度量一般采用模型（4－1）进行回归分析得到残差序列，所得残差值为正值则表示投资过度，为负值表示投资不足。其中为方便理解，投资不足取残差的绝对值来度量，绝对值越大，投资不足程度越大。因而投资过度和投资不足都是取值越低表示投资效率越高。

$$INV_t = \alpha_0 + \alpha_1 GROWTH_{t-1} + \alpha_2 LEV_{t-1} + \alpha_3 CASH_{t-1} + \alpha_4 AGE_{t-1} + \alpha_5 SIZE_{t-1} + \alpha_6 RET_{t-1} + \alpha_7 INV_{t-1} + \sum IND + \sum YEAR + \varepsilon \quad (4-1)$$

其中，*GROWTH* 为企业增长机会，使用托宾 *Q*（或销售增长率）作为增长机会的代理变量；*LEV* 为资产负债率；*CASH* 为期末现金持有量与总资产之比；*AGE* 为上市年限的自然对数；*SIZE* 为企业规模，即企业总资产的自然对数；*RET* 为年度股票收益率；*INV* 为投资效率，即现金流量表中“购建固定资产、无形资产和其他长期资产所支付的现金”“购买和处置子公司及其他营业单位支付的现金”“权益性投资所支付的现金”之和减去“处置固定资产、无形资产和其他长期资产而收回的现金净额”后与年初资产总额的比值（辛清泉，等，2007；刘慧龙，等，2014）。

2. 经济政策不确定性

本章经济政策不确定性的数据仍然采用 Baker 等（2013）基于《南华早报》编制的月度中国经济政策不确定性指数，由于经济政策不确定性指数为月度数据，在此将每年的月度数据进行算术平均得到年度经济政策不确定性指数，作为经济政策不确定性的衡量指标（饶品贵和徐子慧，2017）。

3. 企业性质

本章依据上市企业的实际控股人的性质把上市企业划分为国有企业和非国有企业。不同性质的企业的政策支持和融资约束情况不尽相同，因此本章分别对全样本、国有企业和非国有企业样本进行分析，以观察经济政策不确定性对企业投资效率的影响在不同性质的企业中是否存在区别（李万福，等，2017）。

4. 投资机会

参考靳庆鲁等（2012）的方法，用净资产收益率 *ROE* 的高低来衡量企业面临的投资机会的大小。按照企业当年的 *ROE* 将公司的投资机会分为高、中、低三组，分析在不同组别下经济政策不确定性对企业投资效率的影响。

5. 控制变量

借鉴已有文献对控制变量的选取和度量方法（辛清泉，等，2007；刘慧龙，等，2014），本章最终对如下变量进行控制：（1）自由现金流，计算方法为企业自由现金流量与总资产之比；（2）管理费用率，管理费用占主营业务收入的比率；（3）资产负债率，即总负债与总资产之比；（4）企业规模，定义公司规模等于总资产的自然对数；（5）管理层持股，即企业管理层持股数量，当管理层持股时定义为1，否则为0；（6）独立董事占比，即独立董事人数占董事总人数之比；（7）总资产回报率，为企业净利润与总资产之比。此外，为控制行业固定效应，本章引进行业虚拟变量（为控制固定效应还应引进年度虚拟变量，但在引进后与解释变量之间存在较高的共线性，故在此对年度固定效应不予控制）。各主要变量的具体名称、符号和计算方法见表4-1：

表4-1　模型变量定义一览表

变量类型	变量名称	变量符号	计算方法
被解释变量	投资过度	*OVER*	模型（4-1）回归所得残差中的正值
	投资不足	*UNDER*	模型（4-1）回归所得残差中的负值，取绝对值
解释变量	经济政策不确定性	*EPU*	《南华早报》编制的经济政策不确定性指数
	投资机会	*ROE*	净资产收益率
控制变量	自由现金流	*FCF*	企业自由现金流量与总资产之比
	管理费用率	*ADM*	管理费用占主营业务收入的比率
	资产负债率	*LEV*	总负债与总资产之比
	企业规模	*SIZE*	总资产的自然对数
	管理层持股	*MANAGER*	管理层持股为1，无则为0
	独立董事占比	*INDEP*	独立董事人数占董事总人数之比
	总资产回报率	*ROA*	企业净利润与总资产之比

4.2.3　实证模型

基于上文所建立的研究假设，构建多元回归模型进行检验。首先，建立模型（4－2）研究经济政策不确定性对企业投资效率的影响，对假设 H4－1进行检验：

$$INV_{i,t}=\beta_0+\beta_1 EPU_{i,t-1}+\gamma ControlVariable_{i,t-1}+\varepsilon_{i,t} \qquad (4-2)$$

其中，*INV* 为企业投资效率。模型（4－1）回归分析所得残差根据正负分为投资过度 *OVER* 和投资不足 *UNDER*，投资不足 *UNDER* 取负的残差的绝对值，再将样本分成投资过度和投资不足两组分别进行回归分析。*EPU* 为经济政策不确定性，*ControlVariable* 为各控制变量，包括自由现金流 *FCF*、管理费用率 *ADM*、资产负债率 *LEV*、企业规模 *SIZE*、管理层持股 *MANAGER* 和独立董事占比 *INDEP*，以及总资产回报率 *ROA*。

其次，将样本根据上市公司实际控制人的性质分为国有企业和非国有企业，分别对两组样本检验模型（4－2）中经济政策不确定性对企业投资效率的影响，检验假设 H4－2 是否成立。

最后，根据 *ROE* 的高低将样本分为投资机会高、中、低三组，对模型(4－2)分别进行回归分析，研究在不同投资机会下，经济政策不确定性对企业投资效率的影响，对假设 H4－3 进行检验。

若假设H4－1成立，则模型（4－2）中的 β_1 应显著为负值；若假设 H4－2 成立，则国有企业和非国有企业的 β_1 应存在差异；若假设 H4－3 成立，则在不同投资机会组别中 β_1 应存在差异。考虑到经济政策不确定性对企业投资效率的影响存在滞后性，本书研究滞后一期的解释变量对被解释变量企业投资效率的影响。

4.3　实证结果与分析

4.3.1　描述性统计分析

为统计各变量的基本描述性特征，进行描述性统计分析。表 4－2 显示了主要变量的描述性统计结果，由该结果可知：(1) 投资效率 *INV* 的平均值和标准差分别为 0.059 9 和 0.140 1，表明公司间投资效率存在一定差异；(2) 经济政策不确定性 *EPU* 的平均值为 155.982 6，标准差为 48.990 2，表明我国经济政策不确定性较大；(3) 净资产收益率 *ROE* 的平均值为 0.075 4，标准差为 0.927 8，表明不同企业面临的投资机会存在一定的差距，因而需加以区分进行研究；(4) 其他变量的分布均在合理范围内。

表 4-2　　　　描述性统计结果

变量	平均值	中位数	最大值	最小值	标准差	N
INV	0.059 9	0.043 6	7.292 4	0.000 0	0.140 1	11 834
EPU	155.982 6	170.636 4	244.398 3	82.245 2	48.990 2	11 834
ROE	0.075 4	0.070 6	90.705 5	−28.204 6	0.927 8	11 834
FCF	−0.004 0	0.012 7	1.350 4	−31.718 2	0.315 1	11 834
ADM	0.097 8	0.080 8	2.186 7	−0.005 6	0.085 7	11 834
LEV	0.407 4	0.401 4	1.067 0	−0.194 7	0.208 0	11 834
SIZE	21.790 3	21.595 8	28.508 7	15.979 2	1.227 4	11 834
MANAGER	0.765 4	1.000 0	1.000 0	0.000 0	0.423 8	11 834
INDEP	0.369 4	0.333 3	0.800 0	0.090 9	0.053 9	1 1834
ROA	0.051 8	0.044 9	7.108 9	−0.620 5	0.087 5	11 834

4.3.2　相关性检验与分析

为初步判断各变量之间是否存在较大的相关性，排除多重共线性，进行相关性检验。表 4-3 显示了本章各主要变量之间的相关性检验结果，由该结果可知：(1) 经济政策不确定性 *EPU* 和企业投资效率 *INV* 之间的相关系数为−0.007 0，初步表明经济政策不确定性对企业投资效率是有促进作用的，与本书的假设 H4-1 一致，但要进一步证实本章假设还需接下来进行回归检验；(2) 其他变量之间的相关系数的绝对值最大值为 0.683 3，其余均低于 0.6，表明各变量之间不存在明显的共线性，均予以保留。

表 4-3　相关性检验结果

	INV	*EPU*	*FCF*	*ADM*	*LEV*	*SIZE*	*MANAGER*	*INDEP*	*ROA*
INV	1.000 0								
EPU	−0.007 0	1.000 0							
FCF	−0.018 4	0.017 6	1.000 0						
ADM	0.072 2	0.028 9	−0.017 5	1.000 0					
LEV	−0.046 3	−0.036 1	0.047 6	−0.291 9	1.000 0				
SIZE	−0.094 3	0.026 5	0.056 5	−0.281 4	0.506 9	1.000 0			
MANAGER	−0.005 4	0.032 1	−0.001 5	0.068 0	−0.141 9	−0.056 1	1.000 0		
INDEP	0.017 0	0.026 0	−0.013 1	0.057 8	−0.038 0	0.035 2	0.018 8	1.000 0	
ROA	0.013 1	−0.023 9	−0.683 3	−0.020 7	−0.285 0	−0.070 9	0.057 7	0.001 3	1.000 0

4.3.3　实证分析

首先，为了对假设 H4-1 进行检验，探究经济政策不确定性对企业投资效率的影响，具体分别对投资过度 *OVER* 和投资不足 *UNDER* 两组进行检验，表 4-4 列示了对假设 H4-1 检验的多元回归结果。根据表 4-4 可知，(1) 在投资过度组，经济政策不确定性 *EPU* 的系数为负值且在 10%的显著性水平下显著，表明经济政策不确定性会抑制企业投资过度；(2) 在投资不足组，经济政策不确定性 *EPU* 的系数也为负值且在 1%的显著性水平下显著，表明经济政策不确定性也有助于抑制企业投资不足。由此可见，经济政策不确定性增加时，由于政策指向在短时期内难以明确，企业在投资时难以根据政策指向来进行决策，此时企业的投资决策更多地会依据市场经济层面的因素。为了应对经济政策不确定的挑战，在不确定的市场中寻求竞争优势，企业会更加谨慎且主动地改善投资效率，找准市场定位寻求市场优势，避免投资过度或投资不足，即中国经济政策不确定性增加能够显著地促使企业提高投资效率，验证了假设 H4-1 的成立。

表 4-4　　检验假设 H4-1 的回归结果

	投资过度 *OVER*	投资不足 *UNDER*
EPU	−0.000 1*	−0.000 1***
	(−1.8)	(−4.00)
FCF	−0.055 3***	−0.003 3
	(4.66)	(−1.16)
ADM	0.062 5**	0.032 6***
	(2.27)	(6.72)
LEV	0.023 4**	−0.012 2***
	(2.30)	(−6.27)
SIZE	−0.010 9***	−0.005 6***
	(7.68)	(−18.08)
MANAGER	0.002 4	−0.000 5
	(0.67)	(−0.69)
INDEP	0.081 5***	0.015 6***
	(2.99)	(2.71)
ROA	0.084 6**	−0.040 0***
	(2.57)	(−6.40)
行业固定效应	控制	控制
F	6.61	45.88
$Adj\text{-}R^2$	0.032 4	0.121 3
N	4 028	7 806

说明：表中数据为各变量的回归系数，括号内的数值为 *t* 值；***、**、* 分别表示在显著性水平 1%、5%和 10%下显著。

其次，为了检验假设 H4-2，即不同产权性质下，经济政策不确定性对企业投资效率的影响是否存在差异，将样本分为国有企业和非国有企业分别进行回归分析，结果如表 4-5 所示。根据表 4-5 可知：（1）对国有企业而言，经济政策不确定性的系数均为负值且均在 1%的显著性水平下显著，表明经济政策不确定性能够显著抑制企业投资过度和投资不足，促进国有企业改善投资效率；（2）对非国有企业而言，投资过度组经济政策不确定性的系数为负值但不显著，投资不足组则是显著的，表明经济政策不确定性能够抑制企业投资不足，但对投资过度无明显效果。综合来看，经济政策不确定性能够更为显著地促进国有企业改善投资效率，抑制国有企业投资过度和投资不足，对非国有企业的投资过度无明显作用，但能够避免非国有企业投资不足。这可能是因为即便在不确定的经济政策环境下，我国国有企业仍能够获得更多的金融优惠支持和信贷支持，这更能够激励它们为应对不稳定的经济政策环境而谨慎理性地投资，减少投资过度或避免投资不足，主动改善投资效率。而非国有企业面临的融资约束较大，更容易投资不足，在经济政策不确定性下非国有企业为了寻求利润增长点，赢得市场竞争优势而努力改善投资效率，避免投资不足。即在不同产权性质下，经济政策不确定性对国有企业和非国有企业的投资效率的影响存在差异，验证了假设 H4－2 的成立。

表 4－5　　检验假设 H4－2 的回归结果

	国有企业		非国有企业	
	投资过度	投资不足	投资过度	投资不足
EPU	−0.000 1*** (−2.63)	−0.000 1*** (−2.69)	−0.000 1 (−0.55)	−0.000 1*** (−2.81)
FCF	−0.106 9*** (−6.08)	0.000 7 (0.15)	−0.034 2** (−2.23)	−0.006 2* (−1.72)
ADM	0.021 8 (0.52)	0.023 0*** (2.74)	0.104 3*** (3.16)	0.034 3*** (6.07)
LEV	0.013 8 (0.99)	−0.017 7*** (−6.41)	0.045 5*** (3.23)	−0.009 2*** (−3.39)
SIZE	−0.003 7** (−2.53)	−0.005 2*** (−13.24)	−0.015 6*** (−6.22)	−0.006 1*** (−11.79)
MANAGER	−0.002 6 (−0.67)	−0.001 2 (−1.23)	−0.002 8 (−0.49)	−0.000 1 (−0.10)

续前表

	国有企业		非国有企业	
	投资过度	投资不足	投资过度	投资不足
INDEP	0.033 3 (0.93)	0.017 7** (2.09)	0.061 1 (1.61)	0.011 0 (1.52)
ROA	0.216 3*** (4.95)	−0.037 0*** (−4.06)	0.035 3 (0.77)	−0.045 6*** (−5.35)
行业固定效应	—	控制	—	控制
F	10.34	23.81	8.42	54.01
$Adj\text{-}R^2$	0.050 0	0.146 6	0.022 3	0.084 1
N	1 421	3 189	2 607	4 617

说明：表中数据为各变量的回归系数，括号内的数值为 t 值；***、**、*分别表示在显著性水平1%、5%和10%下显著。

最后，为了检验假设 H4-3，本书按照 *ROE* 值的高低将样本分为投资机会高、中、低三组分别进行回归分析，检验经济政策不确定性对企业投资效率的作用。回归检验结果发现在投资过度组经济政策不确定性的系数均不显著，在投资不足组经济政策不确定性的系数是显著的，结果列示在表 4-6 中。根据表 4-6 可知，在投资不足组，投资机会较低时，经济政策不确定性 *EPU* 的系数为负值且在 1%的显著性水平下显著，即经济政策不确定能够显著促进企业改善投资效率，降低投资不足程度。相对而言，在投资机会较高时，经济政策不确定性的系数显著性较低。综合来看，好的投资机会和经济政策不确定性都可能促进企业改善投资效率，二者具有一定的替代作用，所以在投资机会利好时，经济政策不确定性改善企业投资效率的作用可能不显著，而在投资机会较差时，经济政策不确定性改善企业投资机会的作用相对显著，即验证了假设 H4-3 的成立。

表 4-6　　检验假设 H4-3 的回归结果

	投资不足		
	ROE 低	*ROE* 中	*ROE* 高
EPU	−0.000 1*** (−2.75)	−0.000 1* (−1.83)	−0.000 1* (−1.77)

续前表

	投资不足		
	ROE 低	*ROE* 中	*ROE* 高
FCF	−0.007 3 (−1.41)	0.002 0 (0.41)	0.000 5 (0.09)
ADM	0.027 1*** (3.77)	0.025 7*** (2.65)	0.031 5*** (3.62)
LEV	−0.013 6*** (−4.06)	−0.017 0*** (−4.07)	0.002 8 (0.79)
SIZE	−0.007 1*** (−12.78)	−0.004 8*** (−7.79)	−0.004 4*** (−9.24)
MANAGER	−0.000 9 (−0.79)	−0.000 1 (−0.05)	−0.001 3 (−1.10)
INDEP	0.004 8 (0.46)	0.022 0** (2.21)	0.012 4 (1.26)
ROA	−0.067 1*** (−4.69)	−0.005 3 (−0.171)	0.050 4*** (3.96)
行业固定效应	控制	控制	—
F	20.04	14.43	24.06
$Adj\text{-}R^2$	0.149 4	0.110 3	0.066 2
N	2 602	2 602	2 602

说明：表中数据为各变量的回归系数，括号内的数值为 t 值；***、**、*分别表示在显著性水平1%、5%和10%下显著。

4.3.4　稳健性检验

为了保证结果的可靠性，我们在前述研究的基础上进行了稳健性检验。在运用模型（4-1）计算投资效率时，将其中的企业成长性变量 *GROWTH* 用销售增长率代替托宾 *Q* 值，所得残差项为新的投资效率变量，用新的投资效率变量对各研究假设进行检验，稳健性检验结果具体如表 4-7、表 4-8 和

表 4-9 所示：

表 4-7　　　　假设 H4-1 的稳健性检验结果

	投资过度 *OVER*	投资不足 *UNDER*
EPU	−0.000 1* (−1.93)	−0.000 1*** (−3.86)
FCF	−0.056 7*** (−4.77)	−0.003 1 (−1.10)
ADM	0.061 7** (2.24)	0.032 2*** (6.63)
LEV	0.022 9** (2.25)	−0.012 1*** (−6.20)
SIZE	−0.010 9*** (−7.75)	−0.005 7*** (−18.24)
MANAGER	0.002 3 (0.65)	−0.000 4 (−0.63)
INDEP	0.080 8*** (2.98)	0.015 4*** (2.66)
ROA	0.089 9*** (2.73)	−0.044 8*** (−7.15)
行业固定效应	控制	控制
F	6.90	45.84
$Adj\text{-}R^2$	0.034 0	0.121 3
N	4 033	7 801

说明：表中数据为各变量的回归系数，括号内的数值为 t 值；***、**、* 分别表示在显著性水平 1%、5%和 10%下显著。

由表 4-7 可知，投资过度组的经济政策不确定性 *EPU* 的系数为负值且在 10%的显著性水平下显著，投资不足组的经济政策不确定性 *EPU* 的系数也为负值，且在 1%的显著性水平下显著，表明经济政策不确定性可能会抑制企业过度投资和投资不足，促使企业提高投资效率，验证了假设 H4-1 的成立，与前述结论一致。

表 4-8　　假设 H4-2 的稳健性检验结果

	国有企业		非国有企业	
	投资过度	投资不足	投资过度	投资不足
EPU	−0.000 1*** (−2.69)	−0.000 1*** (−2.76)	−0.000 1 (−0.69)	−0.000 1*** (−2.61)
FCF	−0.106 2*** (−6.04)	0.000 1 (0.02)	−0.036 4** (−2.37)	−0.005 7 (−1.56)
ADM	0.024 8 (0.60)	0.022 7*** (2.69)	0.101 1*** (3.08)	0.035 0*** (6.17)
LEV	0.012 6 (0.91)	−0.017 0*** (−6.13)	0.045 5*** (3.22)	−0.009 4*** (−3.47)
SIZE	−0.003 8*** (−2.63)	−0.005 3*** (−13.45)	−0.015 8*** (−6.28)	−0.006 1*** (−11.78)
MANAGER	−0.002 7 (−0.70)	−0.001 1 (−1.27)	−0.002 8 (−0.49)	−0.000 1 (−0.01)
INDEP	0.023 5 (0.66)	0.018 8** (2.20)	0.063 7* (1.67)	0.011 0 (1.38)
ROA	0.220 0*** (5.01)	−0.040 3*** (−4.41)	0.040 4 (0.88)	−0.051 0*** (−5.97)
行业固定效应	—	控制	—	—
F	10.73	23.38	8.59	55.00
$Adj\text{-}R^2$	0.051 7	0.144 6	0.022 8	0.085 5
N	1 430	3 180	2 603	4 621

说明：表中数据为各变量的回归系数，括号内的数值为 *t* 值；***、**、* 分别表示在显著性水平 1%、5%和 10%下显著。

根据表 4-8 可知，对国有企业而言，投资过度组和投资不足组经济政策不确定性的系数均为负值且均在 1%的显著性水平下显著；对非国有企业而言，投资过度组经济政策不确定性的系数为负值但不显著，投资不足组该系数则是显著的，这基本能证明经济政策不确定性能够较为显著地促进国有企业改善投资效率，抑制国有企业投资过度和投资不足。在不同产权性质下，经济政策不确定性对国有企业和非国有企业的投资效率的影响存在差异，同之前结论一致，验证了假设 H4－2 的成立。

表 4－9　　　　假设 H4－3 的稳健性检验结果

	投资不足		
	ROE 低	*ROE* 中	*ROE* 高
EPU	－0.000 1*** (－2.80)	－0.000 1 (－1.49)	－0.000 1* (－1.65)
FCF	－0.007 5 (－1.43)	－0.002 (－0.43)	0.001 4 (0.28)
ADM	0.027 8*** (3.84)	0.026 5*** －2.73	0.030 9*** (3.56)
LEV	－0.013 6*** (－4.02)	－0.015 3*** (－3.65)	0.002 8 (0.81)
SIZE	－0.007 2*** (－12.85)	－0.005 0*** (－8.05)	－0.004 4*** (－9.09)
MANAGER	－0.001 1 (－0.92)	0.000 2 －0.18	－0.001 3 (－1.05)
INDEP	0.003 7 (0.35)	0.022 1** －2.2	0.014 2 (1.43)
ROA	－0.067 1*** (－4.69)	0.002 8 －0.09	0.042 5*** (3.35)
行业固定效应	控制	控制	—
F	20.23	14.31	21.82
$Adj\text{-}R^2$	0.150 8	0.109 5	0.060 2
N	2 600	2 600	2 601

说明：表中数据为各变量的回归系数，括号内的数值为 *t* 值；***、**、* 分别表示在显著性水平 1%、5%和 10%下显著。

根据表 4－9 可知，在投资不足组，投资机会低时，经济政策不确定性 EPU 的系数为负值且在 1%的显著性水平下显著，而在投资机会中和高时，经济政策不确定性的系数不显著或显著性较低。以上基本能验证在企业面临较差的投资机会时，经济政策不确定性改善企业投资机会的作用相对显著，验证了假设 H4－3 的成立，与前述结论一致。综合来看，稳健性检验的结果显示了本章结论的稳定性。

4.4　本章小结

本章在对经济政策不确定性与企业投资效率相关的文献研究的基础上，基于我国 2008—2016 年沪深 A 股上市公司数据，探究经济政策不确定性与企业投资效率之间的关系，具体将投资效率的度量分为投资过度和投资不足两组，同时本章考察不同产权性质及不同投资机会下，经济政策不确定性对企业投资效率的影响。通过实证研究，本章得出以下结论：（1）经济政策不确定性与企业投资效率显著正相关。理论上经济政策不确定性可能促进企业提高投资效率，也可能降低投资效率，因而对企业投资效率最终有何影响主要取决于哪种效应更大。企业的投资决策受到政府力量和市场力量的双重作用，当宏观环境波动较大时，政府政策指向在短时期内往往不明确，企业的投资决策更侧重于市场因素，企业会更加谨慎且主动地改善投资效率。（2）在不同产权性质下，经济政策不确定性促进企业改善投资效率的作用存在差异。产权性质的差异导致企业所面临的政策支持和融资约束程度不一，因而经济政策不确定性对投资效率的影响也存在差异。在经济政策不确定的环境下，国有企业能得到的政策支持大，获得信贷支持容易，因而会而谨慎理性地投资，主动改善投资效率，相对而言非国有企业改善投资效率的能力则较低。（3）当企业面临较差的投资机会时，经济政策不确定性将更加显著地改善企业的投资效率。由于较好的投资机会和经济政策不确定性都能促进企业改善投资效率，因而投资机会和经济政策不确定性形成了一定的替代关系，当企业面临较差的投资机会时，经济政策不确定性对企业投资效率的促进作用更为明显。本章的研究有助于进一步丰富现有文献研究，为企业改善投资效率和我国政策制度体系的构建提供了一定的借鉴。本章研究结论表明经济政策不确定性能够促进企业改善投资效率，其中对国有企业投资效率的促进效果更为显著。未来我国也应该根据企业实际发展需求灵活调整相关政策，积极推进市场化改革和国有企业改革，促使企业在压力之下改善投资效率，减少投资过度，避免投资不足。同时，政府在制定政策制度时应考虑非国有企业的需求，尤其对中小非国有企业的发展给予一定的支持。

第 5 章 经济政策不确定性与企业存货管理

5.1 理论分析和研究假设

存货管理主要是指企业对于库存或尚未售出的货物和原材料的管理。作为企业营运资金管理的重中之重，存货管理越来越引起企业管理者的高度重视。可以说，企业存货管理是企业管理者结合了宏观经济政策、自身行业特点、企业发展战略、风险偏好、销售能力、企业规模、成长潜力、偿债能力等诸多因素产生的管理方案。因此，企业存货管理可以映射很多因素，包括宏观经济的走势、经济政策的变动等。存货是经济周期的先导因素，它的波动在宏观意义上映射了经济周期的波动。许志伟等（2012）发现在我国存货总投资对解释 GDP 波动具有非常重要的作用。

经济政策不确定性可以通过以下两个机制影响企业的存货调整行为（见图 5－1）。一方面，当经济政策不确定性增加时，企业可能会主动调整各类存货占企业总资产的比率，以适应企业未来的营运活动。宏观经济不确定性因素如 GDP 增长率、利率水平、CPI、PPI、政府预算赤字等均对企业的现金存货持有水平有显著的直接和间接效应。具体地说，当经济政策不确定性增加时，企业持有存货的未来预期收益一般会下降。另一方面，当经济政策不确定性增加时，企业外部融资环境变差，企业的资金使用成本相应会有所提高，导致企业持有存货的成本提高，这也会引起企业存货调整行为。有学者研究了经济政策不确定性对美国企业流动性需求的影响，发现经济环境条件变化对受融资约束企业的现金存货持有行为有显著影响，企业融资约束越大，在经济衰退时倾向于持有更多的现金存货；而对于不受融资约束的企业，经济环境条件变化与其现金存货持有量的调整行为没有明显的相关性。

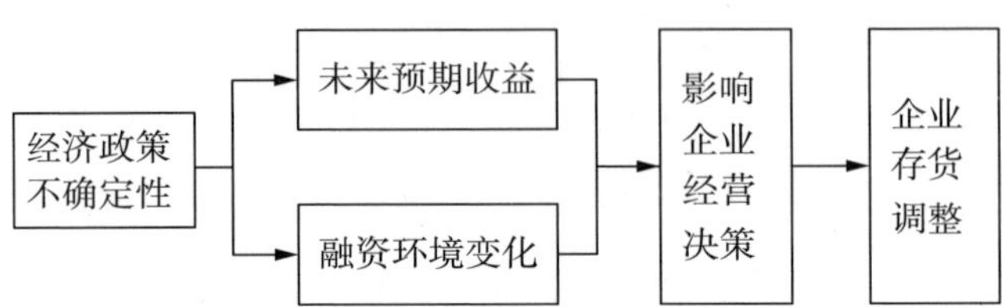

图 5-1 经济政策不确定性影响企业存货调整的作用机制

基于以上两个机制，本书认为当经济政策不确定性增加时，持有存货的未来收益降低，企业持有存货的成本提高，因此企业会倾向于降低存货持有量。据此我们提出本章的第一项研究假设：

H5-1：企业存货持有水平与经济政策不确定性显著负相关。

企业持有存货需要付出一定的持有成本，但存货平滑了生产和销售之间的衔接，增强了企业的短期供货能力，有利于降低缺货成本，提高企业的市场竞争力。一般来说，企业倾向于维持一个对企业生产和销售有利的符合企业规模的较稳定的存货持有水平。因此如果企业拥有成本较低且稳定的外部融资渠道，那么企业持有存货的行为受经济政策不确定性的影响较小。在国有银行体系下，国有企业具有从银行获取信贷资源的众多便利优势。所以，相比非国有企业而言，当经济政策不确定性程度提高时，国有企业持有存货的成本受到的冲击较小，其持有存货行为也受影响较小。基于此，本书提出本章的第二项研究假设：

H5-2：经济政策不确定性的增加，对非国有企业的存货持有行为有更强的影响。

适当的存货持有规模有助于形成企业竞争力，尤其当市场竞争较激烈时，企业的现金流压力大，利润空间有限，财务压力大。对于这类行业中的企业，其存货持有量对外部环境的变化更加敏感。经济政策不确定性是企业面临的重要外部经营风险，因此，如果经济政策不确定性影响了企业的存货持有量，本书预期在竞争性较强的行业中，经济政策不确定性对企业存货持有量的影响更显著。基于此，本书提出本章的第三项研究假设：

H5－3：在竞争程度强的行业中，经济政策不确定性对企业存货持有量的影响更大。

戴严科和林曙（2017）利用中国工业企业数据库，分析了利率波动对制造业企业存货投资的影响，发现在金融市场化程度高的地区，政府为增加企业融资渠道提供了机会，进一步降低了企业融资成本，利率波动对企业存货投资的影响更小。这种逻辑分析同样适用于本书，即在金融市场化程度较高的地区，政府对金融资源的干预程度较弱，经济政策不确定性增加时，企业的金融契约受到政府干预的程度较弱，因此，这类企业的存货持有量受经济政策不确定性的影响较小。

5.2　研究设计

5.2.1　样本选择与数据来源

本书进行实证分析的研究对象为我国沪深 A 股上市公司，时间维度选取 2000—2016 年间，数据频率为每季度。上市公司的财务数据和股东信息数据均来自万得（wind）数据库。由于金融行业公司的财务数据具有特殊性，数据的可比性较低，我们将其剔除。此外，本章研究的主要内容是存货管理与经济政策不确定性，因此存货数据存在缺失的公司也不在我们的研究范围内。中国经济政策不确定性指标来源于 Baker 等（2013）创建的经济政策不确定性指数网站。

5.2.2　变量定义与度量

1. 经济政策不确定性

本章经济政策不确定性的数据仍然采用 Baker 等（2013）基于《南华早报》编制的月度中国经济政策不确定性指数。在饶品贵和徐子慧（2017）的研究基础上，又借鉴顾文涛、潘莉燕和李恒奎（2017）的研究方法，将每季度中 3 个月的中国经济政策不确定性指数进行算术平均处理，并取其自然对数，作为每季度的经济政策不确定性指数，用于衡量该季度中国经济政策不确定性。

2. 企业存货持有水平

参考以往文献，企业存货持有水平一般采用货币进行衡量，本书采用企业财务报表中的企业存货数据来反映企业存货持有水平（Roumiantsev et al.，2005；戴严科，等，2017；刘晓雪，2012；徐勇强，2010）。

3. 行业竞争程度变量

现有度量行业竞争程度的方法主要可以分为结构法、非结构法（Boone，2008）和其他方法（姜付秀，等，2005）。

结构法的观点认为行业结构会影响企业行为，企业行为会产生相应的竞争绩效。结构法主要采用的行业集中度计量指标有：行业集中率（CR_n）、赫芬达尔-赫希曼指数（HHI，以下简称赫氏指数）、基尼系数等。目前比较常用的是行业集中率指标和赫氏指数。

行业集中率（CR_n）一般是指行业内前 n 家最大的企业的资产总额占行业资产总额的比例。

$$CR_n = \sum_{i=1}^{n} \frac{x_i}{X} \tag{5-1}$$

赫氏指数是计算某一行业内 50 家最大企业（如果少于 50 家企业就是所有企业）中每家企业市场占有份额（取百分数的分子）的平方之和。其公式为：

$$HHI_{50} = \sum_{i=1}^{N} \left(\frac{x_i}{X} \times 100\right)^2 = \sum_{i=1}^{N} s_i^2 \tag{5-2}$$

其中，X 表示该行业市场的总规模，x_i 表示第 i 个企业的规模，$s_i = 100 \times x_i / X$ 表示第 i 个企业的市场占有份额，$N = \min\{50, n\}$，其中的 n 表示该行业内的企业数。显然，HHI 越大，表示行业集中程度越高，垄断程度越高。

上述两个指标越小，则行业竞争程度越高。为了验证假设 H5－3，我们需要综合考虑各行业竞争程度和经济政策不确定性的协同作用，因此我们需要对各行业竞争程度有一个统一的度量，同时考虑到数据获取和量化的便利性，我们选择了结构法，而摒弃了非结构法和其他方法。此外，由于研究的行业不涉及可竞争性市场，所以结构法不适用于可竞争性市场的缺陷，也并不会影响本章研究的结果。

我们主要考虑目前较为常用的行业集中率和赫氏指数。龙文和王惠文（2008）基于中国寿险市场数据进行了实证研究，发现采用 CR_3 和 CR_{10} 对行业集中度进行预测和评价的结果较为令人满意。同时在日常应用中 CR_3 和 CR_{10} 也是较为常见的，因此我们按证监会行业分类标准，计算了各行业内企业的集中度指标 CR_3 和 CR_{10}。此外，我们还计算了赫氏指数 HHI_{50}，用于后续研究。

4. 控制变量的选取

根据 Kashyap 等（1994）的实证模型和戴严科等（2017）所做的关于利率波动、融资约束与存货投资的实证研究，结合前文对企业存货管理影响因素的梳理，我们将企业财务健康水平、企业盈利能力和规模等因素作为控制变量，以克服因遗漏变量导致的估计偏差问题。各主要变量的具体名称、符号及解释说明见表 5－1：

表 5－1　　模型变量定义一览表

变量名称	变量符号	变量解释及说明
存货水平	$INVENTORIES_{i,t}$	企业 i 在 t 时间的存货量（以百万为单位）
中国经济政策不确定性	EPU_t	t 时间中国宏观经济政策不确定性指标
销售量	$SALE_{i,t}$	企业 i 在 t 时间的销售量（以百万为单位）
控制变量	$X_{i,t}$	上述企业层面控制变量
残差项	$\varepsilon_{i,t}$	残差
企业性质	$NATION_i$	企业 i 是否为国有企业（1 为国有企业，0 为非国有企业）

续前表

变量名称	变量符号	变量解释及说明
三个企业集中率	$CR_{3i,t}$	企业 i 所处行业在 t 时间的集中率（取参数为 3）
十个企业集中率	$CR_{10i,t}$	企业 i 所处行业在 t 时间的集中率（取参数为 10）
赫氏指数	$HHI_{50i,t}$	企业 i 所处行业在 t 时间的赫氏指数
流动比率	LIQ	企业流动资产减流动负债再除以资产合计（Manova and Yu，2013）
资产负债率	LEV	企业短期负债除以流动资产（Manova and Yu，2013）
销售利润率	$PROFIT$	利润总额除以销售额
企业规模	$SCALE$	企业资产的自然对数

5.2.3 实证模型

1. 假设 H5－1 的验证模型

假设 H5－1 主要研究经济政策不确定性与企业存货持有水平的相关性，本书参考 Guariglia 等（2006）中模型的构建和戴严科等（2017）所构建的基准回归模型，建立如下回归模型。

$$INVENTORIES_{i,t} = a + b \times EPU_t + c \times SALE_{i,t} + d \times X_{i,t} + \varepsilon_{i,t} \tag{5-3}$$

如果假设 H5－1 成立，则经济政策不确定性指标前的系数 b 应该显著为负，即经济政策不确定性越大，企业存货持有水平越低。

2. 假设 H5－2 的验证模型

为了验证假设 H5－2，我们需要考虑经济政策不确定性指标与是否为国有企业的指标的协同作用，在假设 H5－1 的验证模型中加入相应的二次交互项。

$$INVENTORIES_{i,t} = a + b \times EPU_t \times NATION_i + c \times SALE_{i,t} + d \times X_{i,t} + \varepsilon_{i,t} \tag{5-4}$$

如果假设 H5－2 成立，则交叉项前的系数 b 应该显著为负，说明国有企业在面临经济政策不确定性的时候有更大的优势，受到的影响相对更小。

3. 假设 H5－3 的验证模型

为了验证假设 H5－3，我们需要考虑经济政策不确定性指标和行业竞争程度指标的协同作用，在假设 H5－1 的验证模型中加入相应的二次交互项，并且对我们计算得到的 CR_3，CR_{10}，HHI_{50} 三个指标都进行了相应的回归分析。

$$\begin{aligned} INVENTORIES_{i,t} &= a + b \times EPU_t \times CR_{3i,t} + c \times SALE_{i,t} \\ &\quad + d \times X_{i,t} + \varepsilon_{i,t} \\ INVENTORIES_{i,t} &= a + b \times EPU_t \times CR_{10i,t} + c \times SALE_{i,t} \\ &\quad + d \times X_{i,t} + \varepsilon_{i,t} \\ INVENTORIES_{i,t} &= a + b \times EPU_t \times HHI_{50i,t} + c \times SALE_{i,t} \\ &\quad + d \times X_{i,t} + \varepsilon_{i,t} \end{aligned} \tag{5-5}$$

如果假设 H5－3 是正确的，则二次交互项前的系数 b 应该显著为负，这说明行业集中度较高的企业在面对经济政策不确定性的时候，存货持有水平会受到较小的波动。也就是说行业竞争程度高的企业，企业存货持有水平受到经济政策不确定性的影响会相对更大。

5.3 实证结果与分析

5.3.1 描述性统计分析

对模型所用变量进行了描述性统计分析，结果如表 5－2 所示。其中 *WINDCODE* 和 *TIME* 变量为字符型变量，其他变量均为数值型变量，在进行数据预处理之后，相应的分位数统计量和平均值统计量均处于一个比较正常的范围。此外，在对中国经济政策不确定性指标取自然对数后，虽然数据的波动性有所减弱，但不同年份的经济政策不确定性依然存在差异。总体来看，在这样充分的、差异化的样本下分析中国经济政策不确定性对公司存货管理的影响具有合理性和普适性。

表 5-2 描述性统计结果

变量	样本量	最小值	25%分位数	中位数	平均值	最大值
WINDCODE	107 645	/	/	/	/	/
TIME	107 645	/	/	/	/	/
INVENTORIES	107 645	−0.000 4	0.009 7	0.026 1	0.172 2	0.525 0
SALE	107 645	0	0.002 5	0.006 6	0.042 8	0.098 0
LIQ	107 645	−0.005 5	0.000 5	0.001 7	0.001 6	0.009 8
LEV	107 645	−0.001 7	0.004 2	0.006 8	0.009 2	0.073 4
PROFIT	107 645	−0.002 8	0.000 2	0.000 7	0.003 4	0.109 3
SCALE	107 645	0.064 9	0.193 2	0.203 1	0.203 5	0.286 9
NATION	107 645	0	0	0	0.455 1	1
EPU	107 645	0.038 7	0.045 0	0.048 3	0.049 4	0.061 3
HHI_{50}	107 645	0.004 2	0.004 8	0.008	0.055 4	1
CR_3	107 645	0.070 2	0.076 9	0.107 2	0.214 6	1
CR_{10}	107 645	0.151 5	0.163 8	0.219 1	0.364 8	1

5.3.2 相关性检验与分析

计算模型变量之间的 Pearson 相关系数如表 5-3 所示，可以看出除行业竞争性的三个描述变量之间有着较高的相关性之外，存货持有水平与销售额之间也存在一定的相关性，说明模型的设定具有合理性。其他变量间的相关系数均保持在 0.3 以下，不存在严重的共线性，可以使用文章所设模型进行回归分析。

表 5-3 相关性检验结果

	INVENTORIES	*SALE*	*LIQ*	*LEV*	*PROFIT*	*SCALE*	*NATION*	*EPU*	HHI_{50}	CR_3	CR_{10}
INVENTORIES	1.000 0										
SALE	0.540 7	1.000 0									
LIQ	0.003 9	−0.021 4	1.000 0								
LEV	−0.003 2	0.005 7	−0.146 1	1.000 0							

续前表

	INVENTORIES	*SALE*	*LIQ*	*LEV*	*PROFIT*	*SCALE*	*NATION*	*EPU*	HHI_{50}	CR_3	CR_{10}
PROFIT	0.000 7	0.000 5	0.011 9	−0.008 8	1.000 0						
SCALE	0.268 4	0.267 6	−0.008 3	−0.047 2	0.039 7	1.000 0					
NATION	0.061 5	0.072 4	−0.109 3	0.027 0	0.004 3	0.252 0	1.000 0				
EPU	0.043 9	0.027 0	0.058 4	−0.019 8	0.007 2	0.132 3	−0.116 0	1.000 0			
HHI_{50}	0.024 2	0.051 1	0.009 7	0.004 2	−0.000 4	−0.085 8	0.009 5	−0.055 0	1.000 0		
CR_3	0.076 5	0.079 6	−0.023 1	0.017 8	−0.003 3	−0.058 9	0.098 0	−0.052 5	0.886 7	1.000 0	
CR_{10}	0.082 4	0.068 0	−0.045 6	0.026 4	−0.004 7	−0.044 5	0.151 4	−0.051 3	0.720 2	0.936 9	1.000 0

5.3.3　实证分析

为了检验本章之前提出的三个假设，我们利用 R 语言编程对前文所建立的三个模型进行了面板回归分析。面板回归模型一般有三种形式：(1) 混合估计模型，即在横截面上无个体影响、无结构变化的不变系数模型；(2) 固定效应模型，即在横截面上不存在结构变化，个体影响以截距项差别表征；(3) 随机效应模型，即在横截面上不仅存在个体影响，也存在结构变化，又称为变系数模型。根据 F 统计量结果，本章采用混合估计模型。

表 5 - 4 是对假设 H5 - 1 的实证分析结果。结果发现，企业存货持有水平与经济政策不确定性显著负相关，这说明假设 H5 - 1 成立。而这也与日常生活中的经验相符，当经济政策不确定性比较大时，保守起见，企业为了降低不必要的风险，通常会将存货持有量维持在一个相对较低的水平。

表 5 - 4　　检验假设 H5 - 1 的回归结果

INTERCEPT	−1.927 6 *** (−43.644 5)
EPU	−2.525 9*** (−4.417 8)
SALE	1.480 2*** (191.393 9)
LIQ	6.620 5*** (9.016 5)

LEV	7.598 4 *** (6.820 8)
PROFIT	−6.260 6* (−1.978 4)
SCALE	9.305 0*** (50.145 1)
$Adj\text{-}R^2$	0.307 98
F 值	7 978.95
N	104 465

说明：表中数据为各变量的回归系数，***、**、* 分别表示在 1%、5%、10%的显著性水平下显著，括号内的数值为 *t* 值。

表 5－5 是对假设 H5－2 的实证分析结果。结果发现，企业存货持有水平与是否为国有企业及经济政策不确定性和是否为国有企业的交叉项均显著相关，但是此时回归结果与单独的经济政策不确定性的相关度反而不那么显著，说明这个回归模型的稳定性有待增强，考虑在后续对模型加以改进。

其中，是否为国有企业和经济政策不确定性与是否为国有企业的交叉项系数均显著为负，这说明假设 H5－2 成立。国有企业在面临经济政策不确定性时有更大的优势，诸如资源优势、资金优势等，也相对更从容不迫，因此经济政策不确定性的增加，对非国有企业的存货持有行为有更强的影响。

表 5－5　　检验假设 H5－2 的回归结果

INTERCEPT	−1.818 7*** (−34.741 0)
EPU	−0.418 5 (−0.538 9)
NATION	−0.326 1*** (−5.609 6)
SALE	0.147 7*** (189.175 9)
LIQ	6.757 8*** (8.885 7)

LEV	7.659 8*** (6.754 4)
PROFIT	−6.232 8 (−1.953 3)
SCALE	9.511 6*** (48.074 6)
EPU×*nation*	−6.391 5*** (−5.446 1)
$Adj\text{-}R^2$	0.309 7
F 值	5 859.84
N	104 465

说明：表中数据为各变量的回归系数，***、**、* 分别表示在 1%、5%、10%的显著性水平下显著，括号内的数值为 *t* 值。

表 5－6 是对假设 H5－3 的实证分析结果。结果发现，总体来说企业存货持有水平与行业竞争程度、经济政策不确定性，以及行业竞争程度与经济政策不确定性的交叉项均显著相关。其中 CR_3 和 CR_{10} 在与存货持有水平的相关性上表现比赫氏指数 HHI_{50} 相对更强。并且使用三个指数分别对模型进行回归分析，得到的回归系数和显著性等结果大致相似，这从侧面说明了该模型有较好的稳定性，并且也增加了结果的可信度。

其中，用于衡量行业竞争程度的行业集中度指标及经济政策不确定性与行业集中度指标的交叉项系数均显著为负，这说明行业集中度较高的企业在面对经济政策不确定性的时候，存货持有水平会受到较小的波动。这也就是说，行业竞争程度高的企业存货持有量受到经济政策不确定性的影响更大。这说明假设 H5－3 是正确的，行业竞争程度低的企业，由于其垄断优势等，经济政策不确定性对企业存货持有量的影响一般更小。这表明政府在进行经济政策调整的时候应尽量减少不确定性，以避免垄断企业在其中获得更大的优势，损害市场经济的和谐发展。

表 5-6 检验假设 H5-3 的回归结果

	(1)	(2)	(3)
	CR_3	CR_{10}	HHI_{50}
$INTERCEPT$	-1.797 4*** (-32.549 8)	-1.677 5*** (-27.199 1)	-1.944 0*** (-40.750 0)
EPU	-2.841 6*** (-3.366 8)	-5.836 3*** (-5.855 8)	-1.812 5** (-2.793 1)
$CR_3/CR_5/HHI_{50}$	-1.111 1*** (-7.578 5)	-0.979 2*** (-8.601 0)	-0.640 9* (-2.340 7)
$SALE$	0.146 3*** (186.777 0)	0.146 3*** (187.238 5)	0.147 5*** (188.352 4)
LIQ	6.993 3*** (9.271 1)	7.452 3*** (9.882 5)	6.739 2*** (8.917 2)
LEV	7.781 7*** (6.885 9)	8.085 5*** (7.160 5)	7.658 1*** (6.763 7)
$PROFIT$	-6.470 4* (-2.031 4)	-6.411 7* (-2.014 7)	-6.384 9* (-2.000 9)
$SCALE$	9.676 0*** (50.544 3)	9.628 5*** (50.384 3)	9.520 5*** (49.562 7)
$EPU \times CR_3/CR_5/HHI_{50}$	-28.151 5*** (9.460 8)	-25.191 3*** (10.949 7)	-15.609 3*** (2.745 0)
行业效应	YES	YES	YES
时间效应	YES	YES	YES
$Adj\text{-}R^2$	0.312 14	0.313 38	0.309 63
F 值	5 926.94***	5 961.35***	5 858.05***
N	104 465	104 465	104 465

说明：表中数据为各变量的回归系数，***、**、*分别表示在1%、5%、10%的显著性水平下显著，括号内的数值为 t 值。

5.3.4　稳健性检验

为了保证结论的稳健性，我们分别尝试增加其他控制变量以及对子样本进行回归分析。

首先，观察之前的回归结果表 5－4、表 5－5 和表 5－6。其中，表 5－5 在表 5－4 基础上在样本中加入了企业性质变量（是否国有企业），并在模型中引入了交互项进行回归分析，可以发现对应的各变量回归系数值都很接近。表 5－6 在表 5－4 基础上在样本中加入了行业竞争程度变量（$CR_3/CR_5/HHI_{50}$），并在模型中引入了交互项进行回归分析，可以发现企业存货持有水平对经济政策不确定性的回归系数仍然显著为负，且各变量对应的回归系数与表 5－4 相比变化不大，对应的数值都很接近。这说明该模型有较强的稳健性，基本可以验证企业存货持有水平可能受经济政策不确定性的影响。

其次，随机筛选样本中的一部分公司的子样本重新进行回归分析，观察回归结果，以检验模型的稳健性。如表 5－7，与之前相比，可以发现企业存货持有水平对经济政策不确定性的回归系数的显著性和符号均保持相对稳健。

表 5－7　　模型稳健性检验

INTERCEPT	−2.110 2 *** (−30.377 4)
EPU	−4.001 4 *** (−4.577 5)
SALE	1.058 1 *** (110.558 4)
LIQ	2.058 8 *** (11.975 5)
LEV	2.430 6 *** (7.023 2)
PROFIT	−6.215 1* (−2.094 6)

SCALE	9.725 9*** (33.898 5)
$Adj\text{-}R^2$	0.291 34
F 值	2 740.38
N	39 974

说明：表中数据为各变量的回归系数，***、**、* 分别表示在 1%、5%、10%的显著性水平下显著，括号内的数值为 *t* 值。

5.4 本章小结

本章主要考察了经济政策不确定性对企业存货管理行为的影响。首先，通过文献梳理和理论分析，提出了经济政策不确定性会通过融资环境和预期收益两种机制影响企业存货管理。具体地说，经济政策不确定性增加时，持有存货的未来收益降低，企业持有存货的成本提高，因此企业会倾向于降低存货持有水平。并且企业性质会显著影响企业的融资能力，行业竞争程度会显著影响企业对外部经济环境的敏感性，进而对经济政策不确定性与企业存货管理之间的关系产生作用。基于此，我们提出了本章研究的三项假设。其次，以中国沪深 A 股上市公司 2000—2016 年的季度数据为样本进行实证分析，探讨了经济政策不确定性对公司存货管理的影响，对三项假设进行了论证。

研究结果发现：第一，经济政策不确定性与企业存货持有水平显著负相关。这也说明了经济政策不确定性比较大时，企业为了降低不必要的风险，通常会将存货持有水平维持在一个相对较低的水平。第二，经济政策不确定性对企业存货持有水平的影响大小与企业性质、企业所在行业的竞争程度均有关。一般来说，国有企业相对于非国有企业受到的影响会更小，竞争程度较强行业中的企业相对于竞争程度较弱行业中的企业受到的影响会更大。这与国有企业一般拥有更多的政策优惠、资金优势，竞争程度较弱行业中的企业一般拥有更多的垄断优势的情况相符。

研究结果虽然是关于存货管理，但是也提醒我们应该在宏观经济政策调整的时候尽量减少不确定性，以避免引起企业存货持有水平的大幅波动，从而避免对 GDP 等宏观经济变量造成较大的影响。因为 Caglayan 等（2012）通过实证研究发现存货投资是 GDP 中最活跃的部分，也是经济波动和经济衰退的重要推力。此外，垄断企业和国有企业也会相对在较大的经济政策不确定性的情况下获得更大的优势，这不利于市场经济的和谐健康发展，也是政府在进行宏观政策调整时需要注意的。

第6章 经济政策不确定性与企业盈余管理

6.1 理论分析与研究假设

经济政策不确定性将直接影响企业盈余管理的政治动机，但同时也会通过契约动机和融资动机对企业的盈余管理行为产生影响。一方面，从企业经营风险角度分析经济政策不确定性对企业盈余管理行为产生的影响。企业在经济政策不确定程度较高的环境下，面临的经营风险更高，经营更加困难，企业通过盈余管理改善企业经营绩效、降低企业盈利波动的动机更强；相反，在经济政策不确定程度较低的环境下，企业经营面临的外部风险较弱，经营难度相对较低，企业通过盈余管理改善企业绩效的动机较弱。企业在不确定的经营环境中，往往出于保护自身利益和满足风险厌恶型投资者的偏好，具有调整企业盈余水平至稳定状态的激励。学者还发现平滑稳定的企业盈余实际上降低了内幕交易的优势，是对信息劣势投资者的一种保护，有利于提高企业的股票价值，进而提高企业的市盈率和增加股票的流动性，降低企业的融资成本，因此，企业具有平滑盈余的动机以实现收益的最大化（Goel and Thakor，2003）。当企业面临的经济政策不确定性增加时，企业盈利水平的波动性也将随之增加，对企业正常的经营决策产生影响，甚至造成扭曲，企业的经营风险显著增大。在这种情况下，企业管理层具有明显的盈余管理动机，从而达到提高盈余的平滑性、增加盈余的可持续性的目的（申慧慧，2010）。另一方面，从信息不对称角度分析经济政策不确定性对企业盈余管理行为产生的影响。企业会计信息的披露是投资者了解企业经营状况的重要途径。企业管理层与市场投资者的信息不对称程度与企业外部环境不确定性程度呈正相关关系。当经济政策不确定性增加时，增大了市场投资者评估和判断企业经营状况的难度，从而降低了其对管理层的监督力度和识别能力，管理层很可能将经营上的失败归因于外部政策环境，为企业进行盈余管理提供了机会（申慧慧，2010）。经济政策不确定性对企业盈余管理的影响机制具体如图 6－1 所示：

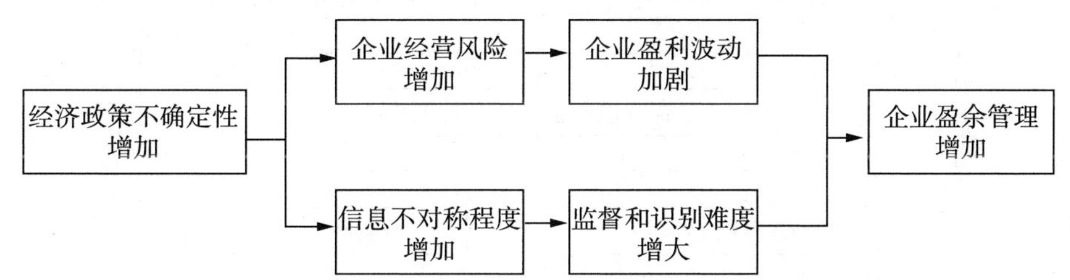

图 6－1　经济政策不确定性对企业盈余管理的影响机制

基于以上分析，本书认为经济政策不确定性增加了企业面临的外部经营风险和未来经营状况的不可预期性，为了平抑盈利的波动性，企业具有盈余管理的强烈动机。因此，本书认为经济政策不确定性增加将对企业的盈余管理产生显著的正向影响。也就是说，在经济政策不确定性程度比较高时，企业的盈余管理程度也将提高，从而提出本章的第一项研究假设：

H6－1：在经济政策不确定性程度更高时，企业的盈余管理程度也将有所提高。

根据会计数据调整方向的不同，可以将企业盈余管理分为正向盈余管理和负向盈余管理。林钟高等（2015）、申慧慧（2010）认为企业外部经营环境不确定性的增加将影响市场投资者对企业经营状况的预期和判断，投资者将会要求更高的回报率，从而增加了企业的融资成本和经营成本。此时，企业具有向上调整盈利水平的动机，向市场释放积极信号，来稳定市场投资者的预期，降低融资成本。申慧慧等（2012）认为企业外部环境不确定性越高，企业的利益相关者和市场投资者越难以识别管理层的盈余管理行为，降低了管理层进行盈余管理的操作风险。而根据薪酬计划设计，管理层的薪酬往往与企业的业绩成正比，企业具有强烈的动机利用外部环境不确定性的增加这一时机操纵会计数据，提高企业的盈利水平从而增加自身的收益。经济政策不确定性对企业正向盈余管理的影响机制具体如图 6－2 所示：

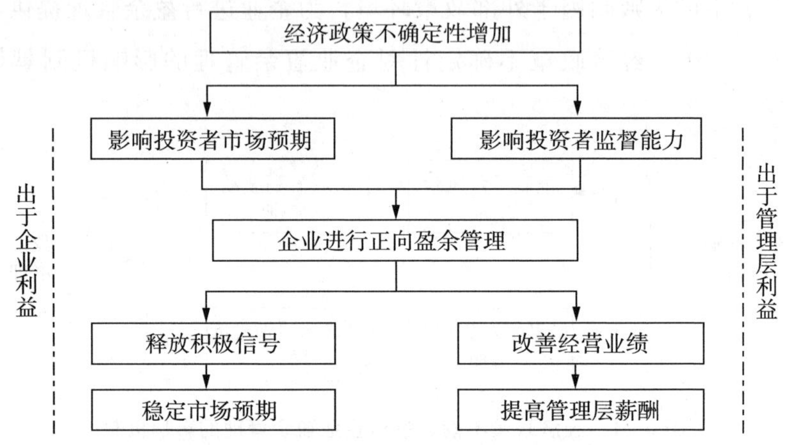

图 6－2　经济政策不确定性对企业正向盈余管理的影响机制

综上所述，本书认为，当企业面对不确定的外部经营环境时，将更加倾向于向上调整企业的盈余水平，通过美化企业的盈利数字向市场释放积极信号，增加市场投资者可得的企业信息，提高企业应对不确定性的能力。同时，管理层通过向上调整企业的盈余水平也可以增加自身的收益，增加了管理层进行正向盈余管理操作的动机。因此，提出本章的第二项研究假设：

H6－2：经济政策不确定性对企业的正向盈余管理和负向盈余管理将产生非对称效应。

申慧慧（2010）将企业外部环境的不确定性分为可预测变动（如某些门槛类监管要求）和不可预测变动两部分。成长型企业的经营业绩良好，能够满足相关门槛性监管要求，其面对可预测变动而进行企业盈余管理行为的动机相比非成长型企业要更小一些。而外部环境的不可预测变动因素对成长型企业的影响更大。成长型企业更加注重声誉和发展前景，面对外部环境不确定性带来的经营风险，成长型企业相比非成长型企业更有动机进行盈余管理，平滑由经营风险和政策风险带来的盈利波动。从债务融资角度分析，王云等（2016）也认为成长型企业在面对不确定的经营环境时，更有动机进行盈余管理。成长型企业对资金的需求较大，债务条款的约束以及负债融资的相关成本对企业的经营产生很大影响，在面对不确定的政策环境时，成长型企业具有很强的盈余管理动机来降低企业的经营成本和融资成本。经济政策不确定性对不同类型企业的影响机制具体如图 6-3 所示：

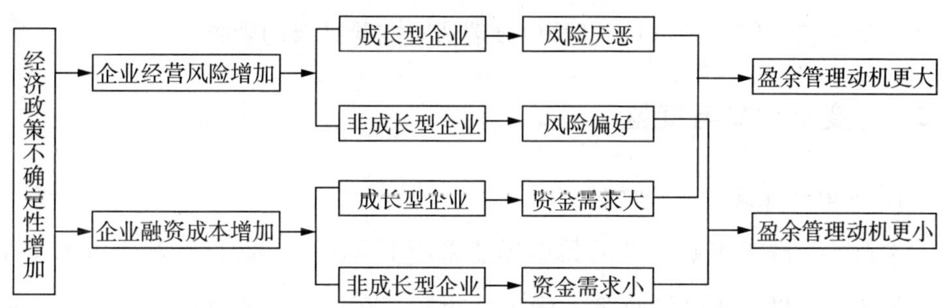

图 6-3　经济政策不确定性对不同类型企业的影响机制

结合以上文献分析和前景理论的相关内容，当人们面对既有获得时往往是风险规避的，而面对损失则是风险偏好的。成长型企业具有良好的发展前景和经营业绩，在面对经济政策不确定性时是风险规避的，具有更加明显的盈余管理动机来平滑企业盈利，维持企业盈余的稳定性。而非成长型企业的盈余管理动机相对较弱，因此，提出本章的第三项研究假设：

H6-3：经济政策不确定性对成长型企业的盈余管理存在更加显著的正向影响。

6.2　研究设计

6.2.1　样本选择与数据来源

本章进行实证分析的研究对象为我国沪深 A 股上市企业，根据数据的可得性和完整性，时间维度选取 2005—2016 年期间。上市企业的财务数据和股东信息数据均来自国泰安CSMAR数据库。由于ST企业面临退市，处于非正常经营状态，其财务数据不具有研究价值，因此将其剔除。金融行业企业的财务数据具有特殊性，数据的可比性较低，也将其剔除。此外，存在数据缺失的企业也不在我们的研究范围内。中国经济政策不确定性指标来源于Baker等人创建的经济政策不确定性指数网站。除中国经济政策不确定性指标外，其余连续变量均进行了上下1%的缩尾处理（申慧慧，2010；李增福，等，2011；刘玉玉，等，2017），以避免极端值对实验结果的影响。

6.2.2 变量定义与度量

1. 中国经济政策不确定性

本章经济政策不确定性的数据仍然采用Baker等（2013）基于《南华早报》编制的月度中国经济政策不确定性指数。在饶品贵和徐子慧（2017）的研究基础上，借鉴顾文涛、潘莉燕和李恒奎（2017）的研究方法，将每年12个月度中国经济政策不确定性指数进行算术平均处理，并取其自然对数，作为年度中国经济政策不确定性的代理变量。

2. 企业盈余管理程度

对企业盈余管理程度的准确计量是识别、监管企业过度盈余管理行为的关键。纵观企业盈余管理的发展脉络，学术界根据管理层具体使用的调整方法对应计盈余管理和真实盈余管理进行了区分。顾名思义，应计盈余管理方法是指企业管理层主要通过选择更有利的应计项目来调整企业盈利水平的方法（Dechow et al.，2000）。固定资产折旧方法、存货确认方法、资产减值计提方法、收入费用的确认条件等会计准则的选取，都是管理层进行应计盈余管理的主要途径。这种方法操作简便，但很容易被审计人员和监管人员发现，具有较高的风险，且这种方法受会计或审计政策不确定性的影响相对较大。与应用会计准则的应计盈余管理方法不同，企业通过构造实际发生的生产经营活动或者操纵特定经营活动发生的时点来影响企业的最终盈利水平的方法被称为真实盈余管理。这种方法相比应计盈余管理具有一定的隐蔽性，不易被审计人员和监管人员察觉，风险较小。管理层可以通过操纵酌量性成本、生产和销售环节等多种途径来实现真实盈余水平的调整，具有很大的操作空间。

在 Jones 模型基础上加入截距项可以控制异方差问题，因此，本书在截面修正 Jones 模型的基础上添加了截距项来测算企业的应计盈余管理程度。同时使用真实盈余管理测算方法计算企业真实盈余管理程度，来考察经济政策不确定性的影响。此外，本书使用传统 Jones 模型和控制企业业绩影响的 Jones 模型来计算企业的盈余管理，作为本书的稳健性检验指标。

3. 控制变量的选取

根据前文对企业盈余管理影响因素的文献梳理，本书借鉴主要文献的方法，选取企业规模（*LASSET*）、资产负债率（*LEV*）、资产收益率（*ROA*）、资产周转率（*TURN*）、企业性质（*GOV*）以及审计质量（*AUDIT*）作为控制变量，以克服因遗漏变量导致的估计偏差问题。国有企业和大规模企业受到的监管更加严格，很难直接操纵应计项目，因此，预期国有企业变量和规模变量将抑制企业应计盈余管理，促进企业进行真实盈余管理。审计单位为国际四大会计师事务所，难以进行盈余管理操作，预期审计质量变量的符号显著为负。资产负债率将对企业的盈余管理行为产生两种相反的影响，最终结果难以判断。而对于不同类型的企业，资产收益率和资产周转率对盈余管理的影响也将有所不同，需要进一步分析。模型使用变量的具体说明如表 6－1 所示：

表 6－1　　　　模型变量定义一览表

	变量名称	变量符号	变量定义
被解释变量	可操纵应计盈余管理	（*EM*）	企业主要利用应计项目进行盈余管理
		（*EM*＋）	企业正向应计盈余管理
		（*EM*－）	企业负向应计盈余管理
	异常经营性现金流净额	*REM* _ *CFO*	企业在销售过程中进行的盈余管理
	异常生产成本	*REM* _ *PROD*	企业在生产过程中进行的盈余管理
	异常酌量性费用	*REM* _ *DISEXP*	企业在酌量性费用方面的盈余管理
	真实盈余管理	*REM*	企业真实盈余管理程度

续前表

	变量名称	变量符号	变量定义
解释变量	经济政策不确定性指数	*EPU*	中国经济政策不确定性程度
控制变量	企业规模	*LASSET*	企业总资产规模的自然对数
	资产负债率	*LEV*	企业总负债与总资产的比值
	资产收益率	*ROA*	企业净利润与平均资产总额的比率
	资产周转率	*TURN*	企业主营业务收入与总资产的比率
	企业性质	*GOV*	若企业为国有企业性质，则记为 1，否则记为 0
	审计质量	*AUDIT*	若企业的审计单位为国际四大会计师事务所，则记为 1，否则记为 0

6.2.3 实证模型

借鉴已有文献的处理方法，本章首先使用分行业分年度的回归分析对上市企业盈余管理程度进行测算，其次使用多元回归模型来探究经济政策不确定性对企业盈余管理程度的影响。模型的主要形式如下所示：

$$EM_{i,t} = \alpha + \beta EPU_t + \gamma Control_{i,t} + \varepsilon_{i,t} \tag{6-1}$$

其中，$EM_{i,t}$ 表示企业 i 在第 t 期的盈余管理程度，本书同时使用应计项目盈余管理和真实盈余管理程度来衡量；EPU_t 表示第 t 期内中国经济政策不确定性指数；$Control_{i,t}$ 代表企业 i 在第 t 期的特征控制变量；$\varepsilon_{i,t}$ 代表误差项。

6.3 实证结果与分析

6.3.1 描述性统计分析

对本章模型所使用的样本进行描述性统计分析，模型观测值共有 22 506 个。由于在真实盈余管理的计算过程中使用了滞后项，造成一部分观测值损失，因此真实盈余管理的观测值只有 19 833 个。表 6－2 中报告的各变量描述性统计结果显示，无论是应计盈余管理还是真实盈余管理，均表现出比较明显的差异性，说明各企业的盈余管理动机和能力存在异质性。应计盈余管理和真实盈余管理的均值都接近于零，说明样本计算得到的盈余管理程度合理。企业的个体特征控制变量也表现出十分明显的差异性，在不同的行业环境、发展战略等因素的作用下，呈现出显著的异质性特征。*AUDIT* 变量的平均值为 0.057，说明目前我国上市企业的审计单位以非国际四大会计师事务所为主。此外，在对中国经济政策不确定性指标取自然对数后，数据的波动性有所减弱，但不同年份的经济政策不确定性依然存在差异。总体来看，在这样充分的、差异化的样本下分析中国经济政策不确定性对企业盈余管理程度的影响具有合理性和普适性。

表 6－2　模型变量描述性统计结果

变量	样本量	平均值	标准差	中位数	最小值	最大值
EM	22 506	0.003 3	0.115 7	−0.005 4	−0.319 1	0.505 8
REM	19 833	0.061 6	0.244 3	0.034 6	−0.962 4	1.288 4
LASSET	22 506	8.026 8	1.249 5	7.889 9	5.308 8	11.829
LEV	22 506	0.483 5	0.220 8	0.485 2	0.053 0	1.201 9
GOV	22 506	0.407 7	0.491 4	0	0	1
AUDIT	22 506	0.057 0	0.231 9	0	0	1
ROA	22 506	0.031 5	0.061 9	0.030 8	−0.258 8	0.197 0
TURN	22 506	0.656 1	0.474 7	0.540 3	0.058 5	2.623 8
EPU	22 506	4.955 0	0.482 1	4.817 3	4.173 8	5.899 4

6.3.2　相关性检验与分析

表 6－3 报告的模型变量之间相关性检验结果显示，企业应计盈余管理和真实盈余管理与其他变量存在一定的相关性，说明模型的设定具有合理性。变量间的相关系数的绝对值最大为 0.530 4，其余均保持在 0.5 以下，说明本

书所设定的模型没有严重的多重共线现象。进一步使用方差膨胀因子检验变量之间的关系（详见表 6-4），与变量相关性检验结果相同，因而可以使用本章所设模型进行回归分析。

表 6-3　　相关性检验结果

	EM	*REM*	*LASSET*	*LEV*	*GOV*	*AUDIT*	*ROA*	*TURN*	*EPU*
EM	1.000 0								
REM	0.307 6	1.000 0							
LASSET	0.039 2	0.083 0	1.000 0						
LEV	−0.087 8	0.334 7	0.241 6	1.000 0					
GOV	−0.074 1	0.107 6	0.198 0	0.153 0	1.000 0				
AUDIT	−0.024 8	−0.001 3	0.327 3	0.038 1	0.065 9	1.000 0			
ROA	0.409 8	−0.302 6	0.126 6	−0.389 3	−0.051 5	0.063 2	1.000 0		
TURN	0.091 1	0.530 4	0.045 3	0.115 4	0.086 0	0.046 7	0.127 2	1.000 0	
EPU	0.038 8	−0.057 2	0.217 7	−0.128 8	−0.087 2	−0.008 8	0.062 1	−0.071 2	1.000 0

表 6-4　　方差膨胀因子检验结果

EM			*REM*		
变量	*VIF*	1/*VIF*	变量	*VIF*	1/*VIF*
EPU	2.38	0.420 2	*EPU*	2.36	0.423 7
LASSET	1.61	0.621 1	*LASSET*	1.58	0.632 9
LEV	1.59	0.628 9	*LEV*	1.55	0.645 2
GOV	1.14	0.877 2	*GOV*	1.13	0.885 0
AUDIT	1.16	0.862 1	*AUDIT*	1.15	0.869 6
ROA	1.34	0.746 3	*ROA*	1.35	0.740 7
TURN	1.32	0.757 6	*TURN*	1.33	0.751 9

说明：*VIF* 表示方差膨胀系数。

6.3.3 实证分析

为了检验本章提出的第一项研究假设，针对中国经济政策不确定性与企业应计盈余管理和真实盈余管理进行多元回归分析，研究结果如表 6-5 所示。第（1）列为经济政策不确定性对企业应计盈余管理所产生的影响，第（2）列报告了经济政策不确定性对企业真实盈余管理的影响结果，第（3）～（5）列分别考察在真实盈余管理中，经济政策不确定性分别对销售环节盈余管理、生产环节盈余管理以及酌量性费用盈余管理的影响。根据实证分析结果，发现从应计盈余管理和真实盈余管理两个角度共同衡量企业的盈余管理程度，经济政策不确定性均会显著影响企业的盈余管理行为。经济政策不确定性程度越高，企业越有激励进行盈余管理，从而诱导市场参与者和信息使用者做出对企业有利的判断。该实证结果验证了本章提出的第一个假设，也与已有研究的结论一致（申慧慧，2010；Ghosh et al.，2009）。申慧慧（2010）将企业面临的外部环境不确定性分为由于企业自身发展趋势所面临的可预测变动（如门槛性政策等）和不可预测变动。大量研究针对经济政策制定规则展开讨论，但始终无法得到一致的结论，大多数学者倾向于认为中国经济政策的制定采取的是相机抉择，缺乏一定的透明度。因此，中国经济政策往往是难以预期的。当企业面临不确定的政策环境时，其经营风险也将增大，企业将增加盈余管理，对收益进行平滑，规避风险。对于企业真实盈余管理，经济政策不确定性主要激励企业在销售环节和生产环节进行盈余管理，对企业酌量性费用调整的影响并不明显。控制变量的回归结果中，企业规模对企业应计盈余管理产生抑制作用，但会激励企业采取真实盈余管理，符合预期。本书认为企业规模增大，将面临更多的监管，若采取应计盈余管理，会计操纵的边际成本太高。因此，大规模企业更倾向于采取真实盈余管理，在生产环节或者酌量性费用方面进行盈余管理，结果也与已有研究的结论一致（李增福、董志强和连玉君，2011）。企业资产负债率越高，越有激励进行应计盈余管理和真实盈余管理。当企业的债务规模增加时，将面临更高的债务融资成本和违约成本，企业很可能采取盈余管理操纵会计数据。本章的实证结果验证了债务契约假说（Valipour，2011；Alsharair et al.，2012；Franz et al.，2014）。国有控股的股东结构将抑制企业使用应计项目进行盈余管理，但激励企业在真实经营活动层面进行盈余管理。该实证结果证实了政治成本动机假说，认为政治成本是导致企业采取真实盈余管理的重要因素（李增福，等，2011）。对于应计盈余管理和真实盈余管理，*AUDIT* 系数显著为负，说明当国际四大会计师事务所进行企业财务数据的审计时，企业盈余管理程度显著降低。国际四大会计师事务所相对拥有更高的审计业务水平，对会计操纵的识别能力更强，企业无论是操纵应计项目还是调整真实经营活动，将面临很大的操作风险。*ROA* 方面，根据李阳（2015）的研究，不同盈利水平会对企业盈余管理行为产生不同的影响，亏损企业、微利企业以及巨额盈利企业往往针对企业的发展战略采取不同的盈余管理安排。因此，*ROA* 对企业盈余管理的影响具有不确定性。资产周转率变量系数显著为正，说明企业的营运资金能力与其进行盈余管理的可行性和可操作空间成正比，营运资金能力强的企业更有能力通过盈余管理来平滑企业盈利。具体来看，企业较高的经营能力虽然可以有效抑制企业在销售环节和酌量性费用环节的盈余管理，却显著地促进企业在生产环节进行盈余管理。

表 6-5　　回归模型结果

	(1)	(2)	(3)	(4)	(5)
	EM	*REM*	*REM _ CFO*	*REM _ PROD*	*REM _ DISEXP*
EPU	0.016 6***	0.018 8***	−0.013 9***	0.006 4***	0.001 1
	(7.94)	(4.89)	(−6.34)	(3.17)	(0.68)
LASSET	−0.002 4***	0.015 3***	−0.003 4***	0.021 0***	0.009 5***
	(−2.90)	(10.71)	(−3.97)	(23.14)	(15.10)
LEV	0.039 0***	0.092 8***	0.007 1	0.076 7***	−0.023 4***
	(7.82)	(10.51)	(1.42)	(14.55)	(−6.53)
GOV	−0.008 3***	0.010 1***	−0.003 1**	−0.003 3**	−0.008 8***
	(−5.40)	(3.66)	(−1.96)	(−2.16)	(−7.68)
AUDIT	−0.025 0***	−0.044 0***	0.015 6***	−0.027 5***	0.000 0
	(−8.52)	(−7.62)	(5.09)	(−8.79)	(0.00)
ROA	0.815 0***	−1.397 0***	0.580 0***	−0.629***	0.194***
	(48.94)	(−40.99)	(31.93)	(−34.09)	(14.20)

续前表

	(1)	(2)	(3)	(4)	(5)
	EM	*REM*	*REM_CFO*	*REM_PROD*	*REM_DISEXP*
TURN	0.007 9*** (3.29)	0.291 0*** (65.11)	−0.139 0*** (−60.02)	0.109 0*** (41.87)	−0.042 1*** (−23.06)
_CONS	−0.111 0*** (−9.09)	−0.350 0*** (−15.26)	0.144 0*** (11.20)	−0.252 0*** (−20.82)	−0.051 4*** (−5.15)
行业效应	YES	YES	YES	YES	YES
时间效应	YES	YES	YES	YES	YES
R-Sq	0.240 0	0.482 7	0.350 0	0.383 7	0.165 8
F 值	166.38***	318.11***	240.52***	231.24***	109.37***
N	20 533	18 892	20 533	18 892	20 533

说明：*、**、***分别代表在 10%、5%和 1%的显著性水平下显著；各变量括号内为 t 值，各统计量括号内为 p 值；统计结果仅保留四位小数。

在上述研究结论的基础上，本章进一步探究经济政策不确定性的增加对于企业正向盈余管理和负向盈余管理将产生怎样的影响（见表 6－6）。结果发现，经济政策不确定性会显著激励企业采取正向盈余管理，对负向盈余管理的影响虽然也具有促进作用，但并不构成统计显著性，具有明显的非对称效应，也因此验证了本章提出的第二项研究假设 H6－2。当企业面临不确定的经营环境时，倾向于采取正向盈余管理，向市场释放企业盈利水平良好、经营持续稳定的信号。控制变量中，企业进行债务融资安排，可以有效抑制其负向盈余管理，但会增加企业正向盈余管理动机。由国际四大会计师事务所作为企业审计单位，可以同时有效抑制企业的正向和负向盈余管理。其他变量的回归结果与第一项研究假设 H6－1 的回归结果基本相同。

表 6－6　企业正负盈余管理回归结果

	(1)	(2)	(3)	(4)
	EM+	*EM*−	*REM*+	*REM*−
EPU	0.015 4*** (4.88)	0.001 4 (0.86)	0.025 5*** (5.93)	0.000 2 (0.04)

续前表

	(1)	(2)	(3)	(4)
	EM+	*EM*−	*REM*+	*REM*−
LASSET	−0.004 8***	0.002 3***	0.003 6**	0.010 7***
	(−4.32)	(3.57)	(2.32)	(7.41)
LEV	0.106 0***	−0.033 5***	0.092 9***	−0.015 2*
	(15.79)	(−8.62)	(10.26)	(−1.67)
GOV	−0.014 2***	0.002 5**	−0.005 1*	0.004 8*
	(−6.78)	(2.09)	(−1.67)	(1.71)
AUDIT	−0.025 4***	−0.005 7**	−0.032 4***	−0.012 6**
	(−6.14)	(−2.53)	(−5.10)	(−2.22)
ROA	0.561 0***	0.408 0***	−0.478 0***	−1.285 0***
	(18.59)	(29.89)	(−14.96)	(−26.08)
TURN	0.019 2***	−0.015 4***	0.257 0***	0.025 2***
	(6.40)	(−9.05)	(54.36)	(3.89)
_*CONS*	−0.034 4*	−0.073 4***	−0.199 0***	−0.159 0***
	(−1.85)	(−7.98)	(−8.04)	(−7.08)
行业效应	YES	YES	YES	YES
时间效应	YES	YES	YES	YES
R-Sq	0.147 9	0.259 3	0.441 3	0.281 6
F 值	31.22***	69.69***	255.47***	40.40***
N	9 814	10 719	11 033	7 859

说明：*、**、***分别代表在10%、5%和1%的显著性水平下显著；各变量括号内为 *t* 值，各统计量括号内为 *p* 值；统计结果仅保留四位小数。

当企业处于不同的成长阶段时，企业的发展战略将有所不同，盈余管理行为也存在明显差异。以每年行业营业收入增长率的中位数作为衡量标准，当企业的营业收入增长率超过行业中位数时，定义为成长型企业；当企业营业收入增长率低于行业中位数时，定义为非成长型企业。接下来，本章将分别探究经济政策不确定性对成长型企业盈余管理和非成长型企业盈余管理的影响，以检验本章提出的第三项研究假设。回归分析的结果如表 6－7 所示，同时使用应计盈余管理和真实盈余管理来衡量企业的盈余管理程度，无论是成长型企业还是非成长型企业，经济政策不确定性都会显著增加它们采取盈余管理的动机，以降低盈利的波动性。通过比较成长型企业和非成长型企业的回归系数，发现经济政策不确定性对成长型企业的激励作用相对更强。根据前景理论的分析，大多数人在面对获得时往往是风险规避的，而面对损失时却是风险偏好的。成长型企业具有良好的声誉和发展前景，面对经济政策不确定性，成长型企业相比非成长型企业更有动机进行盈余管理，平滑由经营风险和政策风险带来的盈利波动。王云（2016）从债务融资角度分析，认为成长型企业资金的需求较大，更加重视债务条款的约束以及负债融资的相关成本，在面对不确定的政策环境时，有较强的动机进行盈余管理；而非成长型企业资金的需求较小，经济政策不确定性对债务融资成本的影响较小，企业具有较低的激励调整盈余水平。

表 6－7　　成长型企业和非成长型企业的回归结果

	应计盈余管理		真实盈余管理	
	成长型企业	非成长型企业	成长型企业	非成长型企业
EPU	0.019 4*** (6.35)	0.013 4*** (4.70)	0.018 9*** (3.40)	0.017 8*** (3.34)
LASSET	−0.000 6 (−0.52)	−0.003 4*** (−3.01)	0.017 7*** (8.08)	0.013 1*** (6.83)
LEV	0.038 4*** (5.43)	0.034 2*** (4.81)	0.108 0*** (8.19)	0.077 9*** (6.48)
GOV	−0.005 6** (−2.45)	−0.011 0*** (−5.35)	0.012 4*** (3.05)	0.009 2** (2.46)
AUDIT	−0.026 1*** (−5.25)	−0.023 0*** (−6.62)	−0.043 0*** (−4.49)	−0.043 5*** (−6.09)
ROA	0.820 0*** (33.14)	0.794 0*** (34.79)	−1.423 0*** (−27.40)	−1.381 0*** (−30.41)
TURN	0.012 1*** (3.05)	0.009 0*** (2.91)	0.278 0*** (37.54)	0.300 0*** (52.85)

续前表

	应计盈余管理		真实盈余管理	
	成长型企业	非成长型企业	成长型企业	非成长型企业
_CONS	−0.137 0*** (−7.95)	−0.090 0*** (−5.20)	−0.380 0*** (−11.75)	−0.315 0*** (−9.69)
行业效应	YES	YES	YES	YES
时间效应	YES	YES	YES	YES
R-Sq	0.219 7	0.273 9	0.411 8	0.548 4
F 值	80.13***	96.94***	127.49***	207.99***
N	10 206	10 327	9 364	9 528

说明：*、**、***分别代表在10%、5%和1%的显著性水平下显著；各变量括号内为 t 值，各统计量括号内为 p 值；统计结果仅保留四位小数。

此外，本章分别针对成长型企业和非成长型企业的正负盈余管理进行回归分析。如表6-8所示，由回归结果可以看出，对于成长型企业来说，使用应计盈余管理和真实盈余管理两种方法衡量，经济政策不确定性确实会激励企业正向调整盈余水平，而对负向盈余管理的影响却并不明显。同样地，对于非成长型企业来说，经济政策不确定性也会激励企业进行正向应计盈余管理和正向真实盈余管理，而对企业负向应计盈余管理和负向真实盈余管理的作用不显著。以上回归结果再次印证了经济政策不确定性对企业正负盈余管理的非对称效应，检验了该结论的稳健性。

表6-8　　成长型企业和非成长型企业的正负盈余管理结果

成长型企业回归结果				
	EM+	*EM*−	*REM*+	*REM*−
EPU	0.018 7*** (4.41)	0.000 3 (0.12)	0.025 8*** (4.14)	0.002 9 (0.58)
LASSET	−0.004 5*** (−2.85)	0.003 3*** (3.20)	0.004 3* (1.79)	0.010 7*** (5.01)

续前表

成长型企业回归结果				
	EM+	*EM*−	*REM*+	*REM*−
LEV	0.095 8*** (10.08)	−0.031 2*** (−5.32)	0.093 3*** (6.75)	−0.004 8 (−0.36)
GOV	−0.015 6*** (−5.32)	0.005 9*** (3.20)	−0.012 7*** (−2.76)	0.013 4*** (3.31)
AUDIT	−0.021 2*** (−3.19)	−0.004 1 (−1.06)	−0.027 9*** (−2.84)	−0.024 9** (−2.54)
ROA	0.584 0*** (13.75)	0.386 0*** (17.93)	−0.428 0*** (−8.58)	−1.283 0*** (−18.69)
TURN	0.019 7*** (4.17)	−0.013 5*** (−4.55)	0.242 0*** (30.66)	0.024 9*** (2.66)
_*CONS*	−0.050 9** (−2.09)	−0.072 4*** (−5.60)	−0.197 0*** (−5.55)	−0.190 0*** (−6.47)
N	5 367	4 839	5 260	4 104
非成长型企业回归结果				
	EM+	*EM*−	*REM*+	*REM*−
EPU	0.012 2*** (2.59)	0.002 4 (1.11)	0.024 6*** (4.12)	−0.002 5 (−0.46)
LASSET	−0.005 2*** (−3.34)	0.001 8** (2.11)	0.002 9 (1.47)	0.010 0*** (5.10)
LEV	0.114 0*** (11.86)	−0.035 9*** (−6.83)	0.089 3*** (7.38)	−0.025 6** (−2.08)
GOV	−0.013 1*** (−4.37)	−0.000 0 (−0.02)	0.002 3 (0.55)	−0.003 8 (−0.99)
AUDIT	−0.029 4*** (−5.80)	−0.007 0** (−2.54)	−0.036 9*** (−4.46)	−0.002 8 (−0.41)
ROA	0.545 0*** (12.74)	0.424 0*** (24.20)	−0.536 0*** (−12.81)	−1.287 0*** (−18.37)

续前表

非成长型企业回归结果				
	EM+	*EM*−	*REM*+	*REM*−
TURN	0.021 8***	−0.016 1***	0.271 0***	0.023 2**
	(5.53)	(−7.63)	(45.59)	(2.57)
_*CONS*	−0.017 8	−0.078 9***	−0.200 0***	−0.116 0***
	(−0.63)	(−6.09)	(−5.71)	(−3.32)
N	4 447	5 880	5 773	3 755

说明：*、**、***分别代表在10%、5%和1%的显著性水平下显著；各变量括号内为 t 值，各统计量括号内为 p 值；统计结果仅保留四位小数。

6.3.4 稳健性检验

使用传统截面Jones模型和控制业绩影响的Jones模型计算应计盈余管理，作为被解释变量的其他代理变量，对本章结论的稳健性进行检验。传统截面Jones模型的具体形式如前文所述，这里不再重复介绍。Kothari、Lenone和Wasley（2005）在传统截面Jones模型基础上，考虑了资产收益率（*ROA*）对企业盈余管理程度的影响，提出了控制业绩影响的Jones模型。模型的具体形式如下所示：

$$\frac{DNT_{i,t}}{A_{i,t-1}}=\alpha_0+\alpha_1\frac{1}{A_{i,t-1}}+\alpha_2\frac{\Delta REV_{i,t}}{A_{i,t-1}}+\alpha_3\frac{PPE_{i,t}}{A_{i,t-1}}+\alpha_4 ROA_{i,t} \tag{6-2}$$

其中，$ROA_{i,t}$ 表示企业 i 在第 t 期内的资产收益率，以控制经营业绩对企业盈余管理程度的影响，其他变量的含义如前所述。

稳健性检验的结果如表6-9所示。第（1）列为使用传统截面Jones模型计算企业应计盈余管理的回归分析结果；第（2）列为使用控制业绩影响的Jones模型计算企业盈余管理的回归分析结果。两种计算口径的分析结果均表明经济政策不确定性程度的提高很可能会增加企业进行盈余管理的动机，再次验证了本章结论的相对稳健性。此外，将除经济政策不确定性指标外的连续性变量进行 5%水平的缩尾处理，得到的回归分析结果与前文一致，也验证了结论的稳健性（见表 6-10）。

表 6-9　　　　　　　　　　稳健性检验结果

	传统截面 Jones 模型（1）	控制业绩影响的 Jones 模型（2）
EPU	0.019 6*** (9.36)	0.025 8*** (10.93)
LASSET	−0.013 5*** (−15.98)	−0.020 9*** (−20.91)
LEV	0.049 1*** (9.85)	0.056 5*** (9.33)
GOV	−0.007 9*** (−5.18)	−0.008 5*** (−5.08)
AUDIT	−0.013 8*** (−4.75)	−0.010 1*** (−3.14)
ROA	0.784 0*** (47.20)	−0.563 0*** (−27.04)
TURN	−0.004 2* (−1.86)	−0.002 2 (−0.90)
_ *CONS*	−0.045 6*** (−3.76)	−0.005 9 (−0.43)
行业效应	YES	YES
时间效应	YES	YES
R-Sq	0.227 2	0.231 8
F 值	148.73***	146.05***
N	20 533	20 533

说明：*、**、***分别代表在 10%、5%和 1%的显著性水平下显著；各变量括号内为 t 值，各统计量括号内为 p 值；统计结果仅保留四位小数。

表 6-10 经 5%缩尾处理的回归结果

	(1)	(2)	(3)	(4)	(5)
	EM	*REM*	*REM_CFO*	*REM_PROD*	*REM_DISEXP*
EPU	0.013 4***	0.012 6***	−0.011 6***	0.004 1**	0.002 8**
	(7.93)	(4.14)	(−6.54)	(2.56)	(2.14)
LASSET	−0.000 3	0.012 5***	−0.003 0***	0.016 0***	0.007 1***
	(−0.52)	(10.34)	(−4.12)	(23.31)	(14.62)
LEV	0.016 1***	0.089 2***	0.004 2	0.079 4***	−0.015 2***
	(4.38)	(12.56)	(1.03)	(20.07)	(−5.60)
GOV	−0.004 2***	0.006 0***	−0.001 2	−0.002 0*	−0.005 3***
	(−3.50)	(2.78)	(−0.94)	(−1.70)	(−6.25)
AUDIT	−0.021 0***	−0.021 8***	0.011 5***	−0.011 7***	−0.001 2
	(−9.00)	(−4.83)	(4.61)	(−5.09)	(−0.62)
ROA	0.786 0***	−1.827 0***	0.759 0***	−0.775 0***	0.289 0***
	(50.65)	(−58.49)	(44.35)	(−46.04)	(23.53)
TURN	−0.002 6	0.275 0***	−0.138 0***	0.100 0***	−0.035 3***
	(−1.40)	(77.08)	(−72.31)	(53.15)	(−24.68)
_CONS	−0.101 0***	−0.261 0***	0.120 0***	−0.190 0***	−0.055 5***
	(−10.06)	(−14.25)	(11.37)	(−19.27)	(−7.17)
N	20 533	18 892	20 533	18 892	20 533

说明：*、**、***分别代表 10%、5%和 1%的显著性水平；各变量括号内为 t 值，各统计量括号内为 p 值；统计结果仅保留四位小数。

6.4 本章小结

本章主要考察中国经济政策不确定性对企业盈余管理行为的影响。首先通过文献梳理和理论分析，提出了经济政策不确定性对企业盈余管理的影响机制。具体来说，经济政策不确定性增加，一方面会加大企业经营风险，加剧企业盈利波动，另一方面会加重企业管理层与市场投资者之间的信息不对称程度，导致市场投资者对企业经营风险监督和识别难度增大。这两方面因素均会导致企业增加盈余管理。并在此基础上提出了本章的三项研究假设。其次，使用现实数据实证检验经济政策不确定性对企业盈余管理的影响。在盈余管理的测度方面，本书选择目前广泛使用的截面修正 Jones 模型和真实盈余管理模型，从应计盈余管理和真实盈余管理两个角度进行分析，使本章的结论更加全面。

应计盈余管理和真实盈余管理的回归分析结果均表明中国经济政策不确定性程度的增加会激励企业采取盈余管理。中国经济政策难以有效预测，经济政策不确定性越高，企业越倾向于使用盈余管理来平滑盈利，降低盈余的波动性，以防范经营风险和政策风险。通过使用传统截面 Jones 模型和控制业绩影响的 Jones 模型来衡量企业的盈余管理水平，分析经济政策不确定性的影响，得到了相同的结论，验证了该结论的稳健性。此外，对本章使用的连续性变量进行 5%的缩尾处理进行分析，也得到了相同的实验结论，进一步说明本章的结论是稳健的。

具体探究经济政策不确定性对企业正向和负向盈余管理的影响，发现这种影响具有显著的非对称效应。经济政策不确定程度的加强，会显著促进企业正向调整盈余水平，但对企业的负向盈余管理行为并未产生显著影响。当企业面临更加不确定的经营环境时，往往具有通过盈余管理正向调整盈利水平的动机，从而向市场释放经营良好、持续盈利、收益稳定的信号，提高市场参与者对企业的信心，以加强企业抵御风险的能力。

当企业处于不同的发展阶段时，其经营方法和战略决策也将有所不同。以行业营业收入增长率中位数作为衡量标准，将上市企业分为成长型企业和非成长型企业两类。研究发现经济政策不确定性对成长型企业盈余管理行为的影响要大于非成长型企业，其原因在于成长型企业已经获得了企业声誉、发展前景和经营成果，企业为保护既得利益往往是风险规避的。相比非成长型企业，成长型企业更有动机采取盈余管理来平滑盈利，以应对经营环境的不确定性。此外，对成长型企业和非成长型企业的正负盈余管理进行分析，结果表明经济政策不确定程度的增加会显著激励两类企业采取正向盈余管理，而对负向盈余管理的影响并不明显，再次印证了经济政策不确定性对企业盈余管理行为产生非对称效应的研究结论。

本书创新性地探究了经济政策不确定性对企业盈余管理行为的影响，研究所获得的结论均符合经济学理论逻辑，并与现有研究文献相互印证，具有合理性和稳健性。根据研究结果，本书认为政策制定者应该为企业提供更加稳定的政策环境，以降低企业的盈余管理动机，从而提高企业会计数据的真实性和可靠性，这也是我国资本市场健康发展的必要条件。

第 7 章
经济政策不确定性与企业资本结构动态调整

7.1 理论分析与研究假设

资本结构是公司日常财务决策的核心部分，也是公司金融领域长期关注的话题。在前文相关的文献综述中，可以总结出影响企业向目标资本结构调整的主要因素，以及各因素对资本结构调整速度的作用机制，具体见图 7-1。

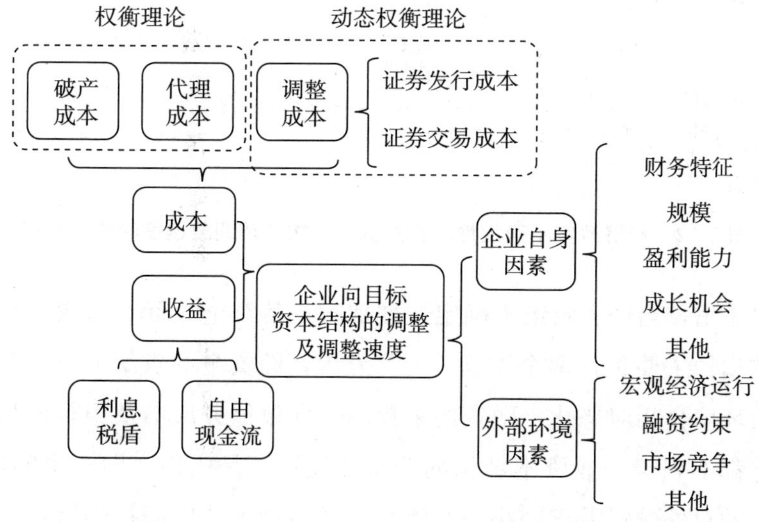

图 7-1 影响企业向目标资本结构调整的因素及其对调整速度的作用机制

可以看出，当企业在进行目标资本结构调整决策时，当且仅当调整的收益大于成本时，企业才会进行资本结构的调整（Fischer et al.，1989）。而关于企业对资本结构的调整速度，则主要受到企业内部和外部环境因素的影响，内部因素包括财务特征、规模、盈利能力、成长机会及其他等各因素，外部环境因素包括宏观经济运行、融资约束、市场竞争及其他等各因素。其中，在外部环境因素中，经济政策不确定性是一个重要的方面，其对企业资本结构动态调整速度的作用途径如图 7-2 所示。

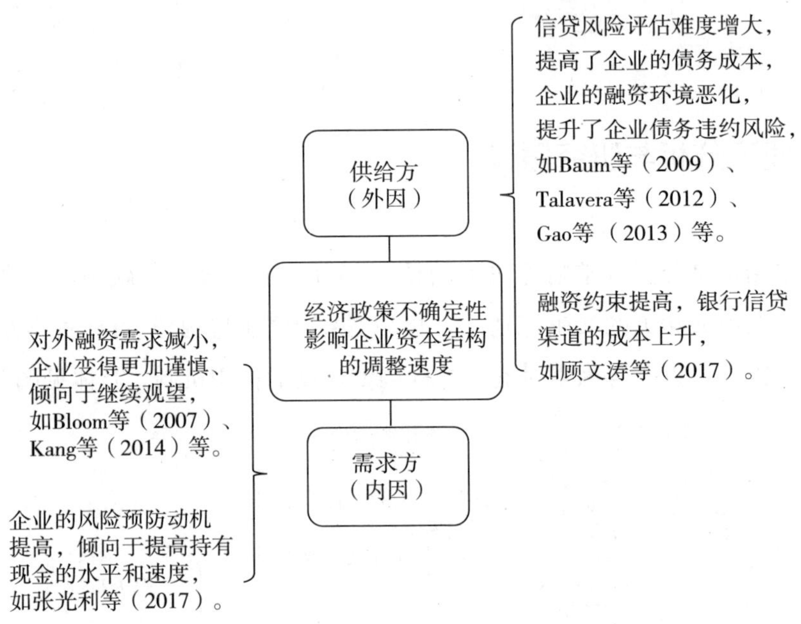

图 7-2 经济政策不确定性对企业资本结构动态调整速度的作用途径

可以看出，当经济政策不确定性增加时，其对企业资本结构动态调整速度的影响途径主要包括两个方面：一是外因，即资金的供给方，企业面对的外部融资环境会相应恶化、融资约束提高，导致债务成本及银行信贷成本上升，这些都不利于企业资本结构的调整速度；二是内因，即资金的需求方，企业此时的对外融资需求减小、风险预防动机加大，因而投融资行为变得更加谨慎、倾向于提高持有的现金水平，而这些同样也会减慢企业资本结构的调整速度。

已有研究发现，上市公司的资本结构的确存在一个最优目标值，即目标资本结构（Flannery and Rangan，2006），公司资本结构动态调整会受到宏观经济运行、市场化进程、法制环境以及投资者保护程度等外部环境因素的影响（Cook and Tang，2010）。同时，公司成长机会、规模、盈利能力等特征因素也会影响资本结构动态调整。企业面临的外部环境是影响企业资本结构调整的重要因素。目前，关注最多的研究视角是产品市场竞争与企业资本结构调整的关系，黄继承和姜付秀（2015）发现产品市场竞争能够影响企业资本结构的调整速度。但目前很少有文献分析经济政策不确定性对企业资本结构调整速度的影响。

在偏离目标资本结构时，公司将向着目标值进行动态调整，调整速度则主要受制于相关收益与成本（Fischer et al.，1989；Flannery and Rangan，2006）。经济政策不确定性将通过以下潜在机制影响企业的资本结构调整行为：一方面，当经济政策不确定性程度提高时，借款人和贷款人之间信息不对称程度提高，因此，商业银行将降低银行信贷的供应量（Zhang et al.，2015）。另一方面，当经济政策不确定性程度提高时，企业的投资规模下降（李凤羽和杨墨竹，2015），企业外部融资需求下降。因此，经济政策不确定性的变化将对企业资本结构动态调整行为产生重要影响。其中，Zhang 等（2015）发现经济政策不确定性通过降低银行贷款供给水平这一渠道从而降低了企业的资本结构调整速度，并非通过降低企业需求的机制影响企业资本结构调整。因此，我们预期，当经济政策不确定性提高时，企业面临的融资环境收缩，企业向目标资本结构调整的速度降低。基于此，我们提出本章的第一项研究假设：

H7-1：经济政策不确定性显著降低了企业资本结构的调整速度。

在我国当前的金融体系下，国有银行占据了主要的融资渠道，信贷政策也相应地具有较为明显的歧视性，即国有企业可以更便利地获得银行贷款，换而言之，国有企业和非国有企业进行资本结构调整的外部约束条件是不同的。因此，经济政策不确定性对企业资本结构调整速度的影响，也会因国有企业和非国有企业的区分而存在显著不同。相对而言，国有企业能够以较低的成本、较高的优先权从国有银行获得贷款融资，而非国有企业则不具备这样的优势和便利。也就是说，在我国国情下，银行信贷渠道作为主要的外部融资渠道，国有企业具有信贷优势，而非国有企业面临信贷歧视，因而非国有企业更难从银行获得融资。所以当经济政策不确定性增加时，国有企业调整资本结构的速度更快。基于此，我们提出本章的第二项研究假设：

H7－2：当经济政策不确定性增加时，国有企业资本结构调整速度更快。

黄继承和姜付秀（2015）发现产品市场竞争越强，企业趋向目标资本结构的调整速度越快。产品市场的竞争性，一方面会减少企业的垄断利润、削减其市场实力，另一方面也会增加企业现金流的波动性、增加破产风险。Bolton 等（1990）研究发现，在竞争性的市场环境中，处于财务困境的企业会更快地流失客户，因而破产的可能性也更高、破产的速度可能也更快，而资金实力强的企业则可以营运更长时间，即便是在亏损的情况下也可以支撑较长时间，这类企业有能力、也有很大可能性对竞争对手（尤其是财务状况欠佳甚至不好的竞争对手）进行掠夺性定价。基于这一点，当企业产品市场的竞争程度更高时，企业就会更倾向于降低负债水平。从资本结构动态调整的角度来看，这意味着，企业向下调整资本结构（亦即降低负债水平）的速度也就越快。因此，如果经济政策不确定性影响了企业资本结构调整速度，那么经济政策不确定性对强竞争性行业企业的资本结构调整速度影响更大。基于此，我们提出本章第三项研究假设：

H7－3：经济政策不确定性对处于强竞争性行业企业的资本结构调整速度影响更大。

7.2 研究设计

7.2.1 样本选择与数据来源

本章选取了2012—2016年在我国沪深A股上市的非金融企业作为研究样本，并剔除了ST类的企业、数据缺失的企业，总共得到11 443个样本数。其中，2012年的样本数为2 087个，2013年的样本数为2 113个，2014年的样本数为2 204个，2015年的样本数为2 352个，2016年的样本数为2 687个。

本章的所有公司财务数据全部来自万得数据库，而中国经济政策不确定性的指标和数据则来自Baker等（2013）创建的经济政策不确定性指数网站。

7.2.2　变量定义与度量

1. 企业的资本结构

参考已有相关文献Flannery等（2006）、Byoun（2008）等的研究方法，本书采用资产负债率来定义企业的资本结构，计算方法为总负债与总资产之比。

2. 经济政策不确定性

本章经济政策不确定性的数据仍然采用Baker等（2013）基于《南华早报》编制的月度中国经济政策不确定性指数，由于经济政策不确定性指数为月度数据，在此将每年的月度数据进行算术平均得到年度经济政策不确定性指数作为衡量指标（饶品贵和徐子慧，2017）。

3. 控制变量

参考并借鉴有关资本结构的相关研究，本章选取了企业规模、有形资产占比、账面市值比、息税前利润占比、折旧与摊销占比、有效税率、行业资本结构、以及流动比率等变量作为控制变量。表7-1总结了各个变量的名称、符号及解释说明。

表7-1　模型变量定义一览表

变量名称	变量符号	变量解释与说明
中国经济政策不确定性	EPU	中国经济政策不确定性指标，来源于Baker等（2013）基于《南华早报》编制的月度中国经济政策不确定性指数；年度数据由上述月度数据进行简单算术平均而得
	EPU_{-1}	滞后一期的经济政策不确定性指标

续前表

变量名称	变量符号	变量解释与说明
资本结构	LEV	企业的资本结构，即资产负债率，等于总负债/总资产
	LEV_{-1}	滞后一期的企业资本结构
	LEV_MED	每一年度中每一行业的资本结构的中位数
	LEV_MED_{-1}	滞后一期的行业资本结构中位数
有效税率	$TAXES$	有效税率，等于所得税费用/利润总额
	$TAXES_{-1}$	滞后一期的有效税率
流动比率	LIQ	流动比率，等于流动资产/流动负债
	LIQ_{-1}	滞后一期的流动比率
有形资产占比	$TANG\_ASSET$	有形资产占总资产的比重，从而剔除规模效应
	$TANG\_ASSET_{-1}$	滞后一期的有形资产占比
息税前利润占比	$EBIT\_ASSET$	表示息税前利润占总资产的比重，从而剔除规模效应
	$EBIT\_ASSET_{-1}$	滞后一期的息税前利润占比
折旧与摊销占比	DEP_ASSET	表示折旧与摊销占总资产的比重，从而剔除规模效应
	DEP_ASSET_{-1}	滞后一期的折旧与摊销占比
企业规模	$LNASSET$	总资产的自然对数
	$LNASSET_{-1}$	滞后一期的总资产对数
账面市值比	BM	账面市值比，等于股东权益/公司市值
	BM_{-1}	滞后一期的账面市值比

7.2.3 实证模型

借鉴相关文献通常使用的“部分调整模型”来估计资本结构调整速度（Flannery and Rangan，2006；Lemmon et al.，2008），该模型设定步骤如下：

第一，企业的资本结构可以表示为：

$$LEV_{i,t}=\frac{D_{i,t}}{D_{i,t}+S_{i,t}P_{i,t}}=\frac{D_{i,t}}{A_{i,t}} \tag{7-1}$$

其中，$D_{i,t}$表示企业 i 在时期 t 的债务账面价值，$S_{i,t}$表示企业 i 在时期 t 的普通股股份，$P_{i,t}$则表示企业 i 在时期 t 的每股价格，$A_{i,t}$表示企业 i 在时期 t 的总资产，因而资本结构 LEV 即为总负债/总资产。

第二，企业资本结构的调整取决于与此相关的企业成本和收益的大小，因而可以作出假定——企业的目标资本结构是有关公司特征变量的函数，即

$$LEV_{i,t}^{*}=\beta X_{i,t-1}+\varepsilon_{i,t} \tag{7-2}$$

其中，$LEV_{i,t}^{*}$表示企业 i 在时期 t 想要达到的目标资本结构，$X_{i,t-1}$则是企业 i 与其资本结构相关的、表示各种收益和成本变量的一组向量，β 则是系数向量，$\varepsilon_{i,t}$表示随机扰动项。

第三，如前所述，企业关于资本结构的调整取决于其成本和收益的大小，因而，企业资本结构的调整速度也受其相关成本和收益的影响，正是某些可能存在的调整成本使得企业不会立即将其实际资本结构调整为目标资本结构，因此可以假定——在每一个时期内，企业由期初的资本结构开始、向目标资本结构改进，所做的调整都是不完全的（或者说是部分的）。这种不完全性所代表的参数即为企业的资本结构动态调整速度。一个标准的不完全调整模型或部分调整模型如下：

$$LEV_{i,t}-LEV_{i,t-1}=\lambda(LEV_{i,t}^{*}-LEV_{i,t-1})+\varepsilon_{i,t} \tag{7-3}$$

其中，系数 λ 表示公司实际资本结构偏离目标资本结构的程度，衡量资本结构调整速度。显然，这一调整过程是一个动态的过程，λ 的取值为 0～1，其值越大表示动态调整的速度越快。

第四，将上述（7-2）式代入到（7-3）式中，可得：

$$LEV_{i,t}=(1-\lambda)LEV_{i,t-1}+(\lambda\beta)X_{i,t-1}+\varepsilon_{i,t} \tag{7-4}$$

（7-4）式说明：（1）企业的实际资本结构最终会向其目标资本结构（$\beta X_{i,t-1}$）收敛；（2）公司特征变量 $X_{i,t-1}$对企业资本结构的长期影响将由其

回归系数除以 λ 来决定；（3）系数$(1-\lambda)$越大，表示资本结构动态调整的速度越慢。

第五，当引入经济政策不确定性变量 EPU 时，将上述（7－4）式进行扩展，使其成为考虑经济政策不确定性因素的广义调整模型：

$$LEV_{i,t}=\alpha_1 LEV_{i,t-1}+\alpha_2 EPU_{t-1}+\alpha_3 EPU_{t-1}\times LEV_{i,t-1}+\alpha_4 X_{i,t-1}+\varepsilon_{i,t} \tag{7-5}$$

回归方程（7－5）即为本章实证分析和研究的主要模型。可以看出，在回归方程（7－5）中，系数 α_3 越大，表示经济政策不确定性对资本结构动态调整存在抑制作用；相反地，系数 α_3 越小，则表示经济政策不确定性反而促进了企业资本结构向目标资本结构的调整，即对其调整速度具有促进作用。

7.3 实证结果与分析

本节的主要内容是实证研究的结果分析，换言之，就是对回归方程（7－5）的实证结果进行分析，其中包括四个方面的内容：描述性统计分析、相关性检验分析、实证分析和稳健性检验分析。

7.3.1 描述性统计分析

表 7－2 概括了各变量的描述性统计结果。

表 7－2　描述性统计结果

变量	样本量	平均值	最大值	最小值	中位数	标准差	变异系数
LEV	11 443	41.20	103.73	0.79	39.97	21.03	0.51
EPU	11 443	212.35	364.83	113.90	181.29	95.67	0.45
LEV _ MED	11 443	42.09	72.29	17.94	39.60	10.21	0.24
TAXES	11 443	18.93	2 513.05	－11 314.1	16.60	115.49	6.10
LIQ	11 443	2.81	144.00	0.03	1.74	4.12	1.47
TANG _ ASSET	11 443	0.47	0.98	－0.68	0.47	0.23	0.49
EBIT _ ASSET	11 443	0.05	0.77	－0.44	0.04	0.05	0.99

续前表

变量	样本量	平均值	最大值	最小值	中位数	标准差	变异系数
DEP _ ASSET	11 443	0.02	0.22	−0.000 4	0.02	0.02	0.70
LNASSET	11 443	3.65	10.09	−2.69	3.47	1.30	0.36
BM	11 443	0.38	3.26	−0.02	0.32	0.26	0.69

可以看出，在11 443个样本量中，企业的资本结构即资产负债率*LEV*的平均值为41.20，最大值和最小值分别为103.73和0.79，中位数为39.97，略小于平均值水平，标准差和变异系数分别为21.03和0.51。经济政策不确定性变量*EPU*的平均值为212.35，最大值和最小值分别为364.83和113.90，中位数为181.29，标准差和变异系数分别为95.67和0.45。

控制变量方面，年度行业资本结构中位数*LEV_MED*变量的平均值为42.09，与变量*LEV*的平均值相差无几，但其最大值和最小值分别为72.29和17.94，其取值范围要比变量*LEV*更集中，因而其标准差和变异系数也就相应小很多，分别为10.21和0.24，而中位数则为39.60；有效税率*TAXES*的平均值为18.93，最大值、最小值、中位数分别为2 513.05，−11 314.1，16.60，可以看出波动性很大，对应的标准差和变异系数也处于较高水平，分别为115.49和6.10；流动比率*LIQ*的平均值、最大值、最小值、中位数分别为2.81，144.00，0.03，1.74，可以看出各个样本之间的差异还是较为明显的，其标准差和变异系数也小于变量*TAXES*，分别为4.12和1.47；有形资产占比*TANG_ASSET*、息税前利润占比*EBIT_ASSET*、折旧与摊销占比*DEP_ASSET*的平均值分别为0.47，0.05，0.02，这三项指标和变量的取值范围都较为狭小；企业规模*LNASSET*的平均值为3.65，最大值和最小值分别为10.09和−2.69，中位数为3.47，标准差和变异系数则分别为1.30和0.36；最后，账面市值比*BM*的平均值为0.38，最大值、最小值、中位数分别为3.26，−0.02，0.32，标准差和变异系数则分别为0.26和0.69。

7.3.2　相关性检验分析

表7-3总结了各变量之间的相关系数矩阵。

表 7-3 相关性检验结果

	LEV	*EPU*	*LEV_MED*	*TAXES*	*LIQ*	*TANG*	*EBIT*	*DEP*	*LNASSET*	*BM*
LEV	1.00	—	—	—	—	—	—	—	—	—
EPU	−0.039	1.00	—	—	—	—	—	—	—	—
LEV_MED	0.433	−0.130	1.00	—	—	—	—	—	—	—
TAXES	0.027	−0.002	0.031	1.00	—	—	—	—	—	—
LIQ	−0.498	−0.001	−0.163	−0.011	1.00	—	—	—	—	—
TANG	−0.582	0.005	−0.335	−0.025	0.508	1.00	—	—	—	—
EBIT	−0.229	0.004	−0.085	0.002	0.075	0.203	1.00	—	—	—
DEP	−0.003	−0.029	−0.180	−0.002	−0.164	−0.042	−0.003	1.00	—	—
LNASSET	0.550	0.044	0.318	0.015	−0.280	−0.530	−0.010	0.044	1.00	—
BM	0.256	−0.095	0.246	0.023	−0.120	−0.229	−0.171	0.132	0.547	1.00

可以看出，企业资本结构 *LEV* 与经济政策不确定性指标 *EPU* 呈现负相关性。而在所有的各变量之间的相关系数中，其绝对值最大的数值为 0.582，可以认为回归模型中并不会存在多重共线性的影响。

7.3.3　实证分析

表 7-4 总结了基于回归方程（7-5），对假设 H7-1 的实证分析结果。

表 7-4　关于假设 H7-1 的实证结果

	(1)	(2)	(3)
LEV_{-1}	0.181 7*** (0.025 9)	0.738 8*** (0.017 4)	0.176 4*** (0.025 9)
EPU_{-1}	−0.032 3*** (0.003 5)	−0.026 7*** (0.005 3)	−0.030 2*** (0.003 7)
$LEV_{-1} \times EPU_{-1}$	0.000 7*** (0.000 1)	0.000 5*** (0.000 1)	0.000 7*** (0.000 1)
LEV_MED_{-1}	0.089 7** (0.038 1)	0.069 6*** (0.012 3)	0.076 3** (0.038 6)
$TAXES_{-1}$	0.000 2 (0.000 7)	0.000 2 (0.000 7)	0.000 2 (0.000 7)
LIQ_{-1}	−0.039 8 (0.042 0)	−0.016 2 (0.029 5)	−0.049 6 (0.042 2)
$TANG\_ASSET_{-1}$	−0.719 6 (1.858 7)	2.418 1** (1.041 6)	−0.571 7 (1.859 8)
$EBIT\_ASSET_{-1}$	−6.357 2* (3.671 3)	−10.601 2*** (2.310 5)	−8.964 6** (3.824 1)
DEP_ASSET_{-1}	−74.572 9*** (18.015 6)	−39.864 3*** (7.108 2)	−66.266 6*** (18.361 9)
$LNASSET_{-1}$	0.457 3 (0.355 8)	1.042 0*** (0.128 1)	1.161 7** (0.461 8)
BM_{-1}	0.392 9 (0.648 7)	1.185 3** (0.548 2)	−0.822 0 (0.836 2)
个体固定效应	控制	—	控制

续前表

	(1)	(2)	(3)
时间固定效应	—	控制	控制
样本量	8 077	8 077	8 077
R^2	0.812 3	0.840 3	0.812 9

说明：变量 $LEV_{-1} \times EPU_{-1}$ 表示滞后一期的资本结构与滞后一期的经济政策不确定性指标的交互项。***、**、* 分别表示在1%、5%、10%的显著性水平下显著，括号内的数值为 t 值。

上述所有回归分析均使用的是面板数据回归模型。回归结果（1）仅对个体固定效应进行了控制，回归结果（2）仅对时间固定效应进行了控制，而回归结果（3）则是对双向固定效应都进行了控制。

可以看出：对于控制个体固定效应的回归结果（1），关键变量交互项的回归系数为0.000 7，在1%的显著性水平下显著为正；控制变量方面，年度行业资本结构中位数 LEV_MED_{-1} 在5%的显著性水平下显著为正，息税前利润占比 $EBIT\_ASSET_{-1}$ 在10%的显著性水平下显著为负，折旧与摊销占比 DEP_ASSET_{-1} 在1%的显著性水平下显著为负。对于控制时间固定效应的回归结果（2），交互项的回归系数为0.000 5，依然在1%的显著性水平下显著为正；控制变量方面，年度行业资本结构中位数 LEV_MED_{-1} 和企业规模 $LNASSET_{-1}$ 都在1%的显著性水平下显著为正，有形资产占比 $TANG\_ASSET_{-1}$ 和账面市值比 BM_{-1} 都在5%的显著性水平下显著为正，息税前利润占比 $EBIT\_ASSET_{-1}$ 和折旧与摊销占比 DEP_ASSET_{-1} 都在1%的显著性水平下显著为负。对于控制双向固定效应的回归结果（3），同样地，交互项依然在1%的显著性水平下显著为正，其回归系数为0.000 7；控制变量方面，年度行业资本结构中位数 LEV_MED_{-1} 和企业规模 $LNASSET_{-1}$ 都在5%的显著性水平下显著为正，息税前利润占比 $EBIT\_ASSET_{-1}$ 和折旧与摊销占比 DEP_ASSET_{-1} 分别在5%和1%的显著性水平下显著为负。

因此，在所有回归结果中，交互项都在1%的显著性水平下显著为正，说明经济政策不确定性的确会抑制或减慢企业的资本结构调整速度，从而验证了前文中的第一项研究假设H7－1。

为了对假设 H7－2 进行验证，对 11 443 个样本量进行国有企业与非国有企业的分样本回归分析。表 7－5 总结了基于回归方程（7－5），对假设 H7－2 的实证分析结果。

表 7－5　　关于假设 H7－2 的实证结果

Panel A：国有企业			
	(1)	(2)	(3)
LEV_{-1}	0.320 5*** (0.045 3)	0.789 2*** (0.025 7)	0.304 3*** (0.045 7)
EPU_{-1}	−0.016 0*** (0.006 0)	−0.001 6 (0.008 1)	−0.016 0*** (0.006 1)
$LEV_{-1} \times EPU_{-1}$	0.000 4*** (0.000 1)	0.000 3*** (0.000 1)	0.000 4*** (0.000 1)
LEV_MED_{-1}	0.021 8 (0.056 6)	0.049 2*** (0.015 9)	0.004 8 (0.058 3)
$TAXES_{-1}$	0.003 7 (0.002 3)	0.004 7*** (0.002 2)	0.003 9* (0.002 3)
LIQ_{-1}	0.100 3 (0.140 4)	0.086 9 (0.098 6)	0.082 1 (0.140 4)
$TANG\_ASSET_{-1}$	−0.338 4 (3.780 6)	−1.860 8 (1.554 8)	−0.651 9 (3.777 1)
$EBIT\_ASSET_{-1}$	−11.192 6*** (5.689 2)	−12.110 3*** (3.627 3)	−16.361 3*** (6.071 0)
DEP_ASSET_{-1}	−59.935 9*** (26.368 1)	−35.316 2*** (9.440 2)	−51.748 5* (26.565 0)
$LNASSET_{-1}$	−0.465 1 (0.549 7)	0.666 6*** (0.162 0)	0.597 3 (0.724 4)
BM_{-1}	1.198 3 (0.745 0)	1.441 0*** (0.634 5)	−0.310 1 (0.937 7)
个体固定效应	控制	—	控制
时间固定效应	—	控制	控制
样本量	2 855	2 855	2 855
R^2	0.860 2	0.884 2	0.871 3

续前表

Panel B：非国有企业			
	(1)	(2)	(3)
LEV_{-1}	0.112 4*** (0.033 9)	0.720 3*** (0.024 2)	0.108 4*** (0.034 0)
EPU_{-1}	−0.037 4*** (0.004 5)	−0.038 5*** (0.007 0)	−0.034 3*** (0.004 8)
$LEV_{-1} \times EPU_{-1}$	0.000 9*** (0.000 1)	0.000 5*** (0.000 1)	0.000 9*** (0.000 1)
LEV_MED_{-1}	0.109 3*** (0.050 3)	0.077 9*** (0.017 4)	0.098 7* (0.050 5)
$TAXES_{-1}$	−0.000 02 (0.000 8)	−0.000 2 (0.000 8)	−0.000 05 (0.000 8)
LIQ_{-1}	−0.059 0 (0.047 5)	−0.069 8*** (0.033 1)	−0.063 5 (0.047 8)
$TANG\_ASSET_{-1}$	0.191 3 (2.294 4)	4.184 5*** (1.360 2)	0.194 5 (2.295 9)
$EBIT\_ASSET_{-1}$	−3.765 4 (4.810 4)	−12.007 2*** (2.955 9)	−5.428 0 (4.968 9)
DEP_ASSET_{-1}	−83.142 1*** (24.451 5)	−37.524 5*** (10.148 6)	−79.000 7*** (25.146 8)
$LNASSET_{-1}$	1.006 7*** (0.478 5)	1.477 7*** (0.193 0)	1.414 1*** (0.626 5)
BM_{-1}	−0.437 1 (1.000 2)	−0.077 7 (0.882 3)	−1.427 8 (1.373 5)
个体固定效应	控制	—	控制
时间固定效应	—	控制	控制
样本量	5 164	5 164	5 164
R^2	0.744 5	0.796 6	0.745 0

说明：变量 $LEV_{-1} \times EPU_{-1}$ 表示滞后一期的资本结构与滞后一期的经济政策不确定性指标的交互项。***、**、*分别表示在1%、5%、10%的显著性水平下显著，括号内的数值为 t 值。

上述所有回归分析均使用的是面板数据回归模型；回归结果（1）仅对个体固定效应进行了控制，回归结果（2）仅对时间固定效应进行了控制，而回归结果（3）则是对双向固定效应都进行了控制。

Panel A 是对国有企业的分样本面板回归分析，在三个回归结果中，交互项全部在1%的显著性水平下显著为正，且其回归系数分别为0.000 4，0.000 3，0.000 4；而 Panel B 是对非国有企业的分样本面板回归分析，在三个回归结果中，交互项也同样全部在1%的显著性水平下显著为正，但对应的三个回归系数分别是0.000 9，0.000 5，0.000 9。

显然，对于同样控制个体固定效应的回归结果（1），国有企业分样本中交互项的回归系数（0.000 4）小于非国有企业分样本中交互项的回归系数（0.000 9）；对于同样控制时间固定效应的回归结果（2），国有企业分样本中交互项的回归系数（0.000 3）小于非国有企业分样本中交互项的回归系数（0.000 5）；对于同样控制双向固定效应的回归结果（3），国有企业分样本中交互项的回归系数（0.000 4）小于非国有企业分样本中交互项的回归系数（0.000 9）。这说明经济政策不确定性对于降低企业资本结构动态调整速度的作用，对于非国有企业的影响更大，即相对于非国有企业，国有企业面临经济政策不确定性时，其资本结构调整速度要更快，从而验证了前文的第二项研究假设 H7－2。

在对假设 H7－3 的实证分析与研究中，涉及强竞争性行业与弱竞争性行业的概念界定与区分，本章参照李常青等（2010）等的做法，构建 HHI 指数来反映行业竞争程度。这一指数原本是反映行业集中度的，但也可以反映行业竞争程度。具体的计算方式如下：

$$HHI=\sum\left(\frac{y_i}{\sum y_i}\right)^2$$

其中，y_i 表示某一行业内企业 i 的主营业务收入，因此，该行业的 HHI 指数就反映了该行业的集中度或竞争程度。该指数的数值越大，说明该行业的集中度越高，即行业竞争性越弱；而该指数越小，则说明该行业的集中度越低，即行业竞争性越强。

本章根据证监会行业分类标准，即在 A 股上市的全部非金融企业中，共有 17 个大类的行业分类，对前文中 11 443 个样本量进行行业区分。对上述每一个行业进行 HHI 指数的计算，并将 17 个行业 HHI 指数排序，小于其中位数的行业划分为强竞争性行业，大于或等于其中位数的划分为弱竞争性行业。最终，(1) 强竞争性行业包括：C 类（制造业）、D 类（电力、热力、燃气及水生产和供应业）、F 类（批发和零售业）、G 类（交通运输、仓储和邮政业）、K 类（房地产业）、M 类（科学研究和技术服务业）、R 类（文化、体育和娱乐业）、S 类（综合）等 8 个行业。(2) 弱竞争性行业包括：A 类（农、林、牧、渔业）、B 类（采矿业）、E 类（建筑业）、H 类（住宿和餐饮业）、I 类（信息传输、软件和信息技术服务业）、L 类（租赁和商务服务业）、N 类（水利、环境和公共设施管理业）、P 类（教育业）、Q 类（卫生和社会工作）等 9 个行业。

因此，对 11 443 个样本量进行强竞争性行业与弱竞争性行业的分样本回归。表 7-6 总结了基于回归方程（7-5），对假设 H7-3 的实证分析结果。

表 7-6　关于假设 H7-3 的实证结果

Panel A：强竞争性行业			
	(1)	(2)	(3)
LEV_{-1}	0.161 2*** (0.029 5)	0.722 5*** (0.019 8)	0.151 6*** (0.029 6)
EPU_{-1}	−0.032 8*** (0.003 9)	−0.023 2*** (0.005 8)	−0.030 5*** (0.004 0)
$LEV_{-1} \times EPU_{-1}$	0.000 8*** (0.000 1)	0.000 5*** (0.000 1)	0.000 7*** (0.000 1)
LEV_MED_{-1}	0.043 2 (0.050 3)	0.080 0*** (0.015 7)	0.013 9 (0.051 7)
$TAXES_{-1}$	−0.000 05 (0.000 7)	−0.000 03 (0.000 7)	−0.000 1 (0.000 7)

续前表

Panel A：强竞争性行业			
	(1)	(2)	(3)
LIQ_{-1}	−0.018 8 (0.049 0)	−0.017 0 (0.034 0)	−0.329 1 (0.049 2)
$TANG\_ASSET_{-1}$	−2.159 9 (2.172 8)	2.137 4* (1.246 3)	−2.039 1 (2.171 8)
$EBIT\_ASSET_{-1}$	−12.478 9*** (4.478 3)	−11.930 7*** (2.737 0)	−16.845 6*** (4.702 1)
DEP_ASSET_{-1}	−75.069 4*** (21.301 8)	−41.598 8*** (8.322 9)	−60.734 7*** (21.819 9)
$LNASSET_{-1}$	0.524 1 (0.401 9)	1.081 7*** (0.148 9)	1.541 5*** (0.524 1)
BM_{-1}	0.769 6 (0.706 1)	1.574 7*** (0.613 0)	−1.074 0 (0.936 7)
个体固定效应	控制	—	控制
时间固定效应	—	控制	控制
样本量	6 837	6 837	6 837
R^2	0.812 6	0.835 8	0.806 3

Panel B：弱竞争性行业			
	(1)	(2)	(3)
LEV_{-1}	0.302 9*** (0.060 4)	0.791 9*** (0.039 4)	0.306 8*** (0.060 5)
EPU_{-1}	−0.026 4*** (0.008 3)	−0.034 7*** (0.012 6)	−0.021 0*** (0.008 8)
$LEV_{-1} \times EPU_{-1}$	0.000 5*** (0.000 2)	0.000 3 (0.000 2)	0.000 5*** (0.000 2)
LEV_MED_{-1}	0.134 4* (0.074 5)	0.076 4*** (0.022 6)	0.155 3*** (0.075 2)
$TAXES_{-1}$	0.011 4*** (0.004 1)	0.005 8 (0.003 7)	0.011 1*** (0.004 1)

续前表

Panel B：弱竞争性行业			
	(1)	(2)	(3)
LIQ_{-1}	−0.094 8 (0.080 2)	−0.042 6 (0.059 3)	−0.103 4 (0.080 4)
$TANG\_ASSET_{-1}$	6.521 2 (4.265 0)	3.967 0* (2.126 7)	7.481 3* (4.334 4)
$EBIT\_ASSET_{-1}$	4.300 3 (9.022 6)	−10.206 4*** (5.002 7)	0.015 6 (9.488 3)
DEP_ASSET_{-1}	−6.554 6 (41.921 9)	−24.619 7* (14.890 0)	1.746 7 (42.288 5)
$LNASSET_{-1}$	1.489 6 (0.993 9)	0.791 6*** (0.280 8)	2.616 9*** (1.298 5)
BM_{-1}	0.060 4 (1.693 6)	0.303 1 (1.326 3)	−0.749 9 (1.882 0)
个体固定效应	控制	—	控制
时间固定效应	—	控制	控制
样本量	1 176	1 176	1 176
R^2	0.830 3	0.875 5	0.804 0

说明：变量 $LEV_{-1} \times EPU_{-1}$ 表示滞后一期的资本结构与滞后一期的经济政策不确定性指标的交互项。***、**、* 分别表示在1%、5%、10%的显著性水平下显著，括号内的数值为 t 值。

上述所有回归分析均使用的是面板数据回归模型。回归结果（1）仅对个体固定效应进行了控制，回归结果（2）仅对时间固定效应进行了控制，而回归结果（3）则是对双向固定效应都进行了控制。

Panel A 是对强竞争性行业的分样本面板回归分析，在三个回归结果中，交互项全部在 1%的显著性水平下显著为正，其回归系数分别为 0.000 8，0.000 5，0.000 7；而 Pancl B 是对弱竞争性行业的分样本面板回归分析，在回归结果（1）和（3）中，交互项同样全部在 1%的显著性水平下显著为正，对应的回归系数均是 0.000 5，但在回归结果（2）中，交互项的回归系数为 0.000 3，虽然也为正，但并不显著。

可以看出，对于同样控制个体固定效应的回归结果（1），强竞争性行业分样本中交互项的回归系数（0.000 8）大于弱竞争性行业分样本中交互项的回归系数（0.000 5）；对于同样控制时间固定效应的回归结果（2），强竞争性行业分样本中交互项的回归系数（0.000 5）大于弱竞争性行业分样本中交互项的回归系数（0.000 3），更重要的是，此时的弱竞争性行业分样本中的交互项系数并不显著，说明经济政策不确定性并未影响到弱竞争性行业中企业的资本结构调整速度；对于同样控制双向固定效应的回归结果（3），强竞争性行业分样本中交互项的回归系数（0.000 7）大于弱竞争性行业分样本中交互项的回归系数（0.000 5）。通过前述分析，可以看到，经济政策不确定性对于降低企业资本结构动态调整速度的作用，对强竞争性行业中的企业影响更大，而对弱竞争性行业中的企业影响较小，从而验证了前文的第三项研究假设 H7－3。

7.3.4　稳健性检验分析

在前文中，由（7－2）式可知，企业目标资本结构的确定是由影响公司成本和收益的相关公司特征变量所决定的，即 $X_{i,\ t-1}$；但是考虑到企业在确定目标资本结构时，本身可能也会受到经济政策不确定性的影响，因而可以将前文中的（7－2）式改写为：

$$LEV_{i,t}^{*}=\beta_1 X_{i,t-1}+\beta_2 EPU_{t-1}+\varepsilon_{i,t} \tag{7-6}$$

将（7－6）式代入到标准不完全调整模型，即（7－3）式中，可得：

$$LEV_{i,t}=(1-\lambda)LEV_{i,t-1}+(\lambda\beta_2)EPU_{t-1}+(\lambda\beta_1)X_{i,t-1}+\varepsilon_{i,t} \tag{7-7}$$

此时，再引入经济政策不确定性指标 EPU，将上述（7－7）式进行扩展，使其成为一个新的广义调整模型：

$$\begin{aligned}LEV_{i,t}=&\alpha_1 LEV_{i,t-1}+\alpha_2 EPU_{t-1}+\alpha_3 EPU_{t-1}^2+\alpha_4 EPU_{t-1}\\&\times LEV_{i,t-1}+\alpha_5 X_{i,t-1}+\varepsilon_{i,t}\end{aligned} \tag{7-8}$$

本节的稳健性检验即是以回归方程（7－8）为基础。同理，在回归方程（7－8）中，若系数 α_4 显著为正，则说明即使考虑经济政策不确定性对企业确定目标资本结构的影响，经济政策不确定性依然会降低企业资本结构的动态调整速度。同时，系数 α_4 越大，表示经济政策不确定性阻碍了企业实际资本结构向目标资本结构的调整过程，即对资本结构动态调整速度存在抑制作用；相反，系数 α_4 越小，则表示经济政策不确定性反而促进了企业资本结构向目标资本结构的调整，即对其调整速度具有促进作用。

表 7－7 总结了基于回归方程（7－8），对假设 H7－1 的稳健性检验结果。

表 7－7　　关于假设 H7－1 的稳健性检验结果

	(1)	(2)	(3)
LEV_{-1}	0.176 4*** (0.025 9)	0.738 8*** (0.017 4)	0.176 4*** (0.025 9)
EPU_{-1}	−0.104 7*** (0.029 4)	−0.122 1 (0.125 0)	−0.104 1*** (0.030 4)
EPU^2_{-1}	0.000 2*** (0.000 1)	0.000 3 (0.000 4)	0.000 2*** (0.000 1)
$LEV_{-1} \times EPU_{-1}$	0.000 7*** (0.000 1)	0.000 5*** (0.000 1)	0.000 7*** (0.000 1)
LEV_MED_{-1}	0.076 5*** (0.038 5)	0.069 6*** (0.012 3)	0.076 3*** (0.038 6)
$TAXES_{-1}$	0.000 2 (0.000 7)	0.000 2 (0.000 7)	0.000 2 (0.000 7)
LIQ_{-1}	−0.049 7 (0.042 2)	−0.016 2 (0.029 5)	−0.049 6 (0.042 2)
$TANG\_ASSET_{-1}$	−0.567 3 (1.858 8)	2.418 1*** (1.041 6)	−0.571 7 (1.859 8)
$EBIT\_ASSET_{-1}$	−8.979 4*** (3.819 2)	−10.601 2*** (2.310 5)	−8.964 6*** (3.824 1)
DEP_ASSET_{-1}	−66.174 7*** (18.323 5)	−39.864 3*** (7.108 2)	−66.266 6*** (18.361 9)

续前表

	(1)	(2)	(3)
$LNASSET_{-1}$	1.167 3*** (0.456 7)	1.042 0*** (0.128 1)	1.161 9*** (0.461 8)
BM_{-1}	−0.836 3 (0.816 4)	1.185 3*** (0.548 2)	−0.822 1 (0.836 2)
个体固定效应	控制	—	控制
时间固定效应	—	控制	控制
样本量	8 077	8 077	8 077
R^2	0.812 8	0.840 3	0.812 9

说明：变量 $LEV_{-1} \times EPU_{-1}$ 表示滞后一期的资本结构与滞后一期的经济政策不确定性指标的交互项。变量 EPU^2_{-1} 表示滞后一期的经济政策不确定性指标的平方项。***、**、* 分别表示在 1%、5%、10%的显著性水平下显著，括号内的数值为 t 值。

可以看到，即便将经济政策不确定性对企业确定目标资本结构的影响纳入考虑，即引入了新的变量 EPU^2_{-1}，其结果依然和表 7-4 的实证结果保持一致，即在所有回归结果中，交互项都在 1%的显著性水平下显著为正，回归系数分别是 0.000 7，0.000 5，0.000 7。基本可以说明经济政策不确定性很可能会降低企业的资本结构调整速度，对本章第一项研究假设 H7-1 的实证分析结果是稳健的。

表 7-8 总结了基于回归方程（7-8），对假设 H7-2 的稳健性检验结果。

表 7-8　关于假设 H7-2 的稳健性检验结果

Panel A：国有企业			
	(1)	(2)	(3)
LEV_{-1}	0.310 7*** (0.045 6)	0.789 2*** (0.025 7)	0.304 3*** (0.045 7)
EPU_{-1}	−0.078 5*** (0.037 9)	−0.318 1* (0.173 3)	−0.105 7*** (0.039 8)
EPU^2_{-1}	0.000 2* (0.000 1)	0.001 0* (0.000 6)	0.000 3*** (0.000 1)

续前表

Panel A：国有企业			
	(1)	(2)	(3)
$LEV_{-1} \times EPU_{-1}$	0.000 4*** (0.000 1)	0.000 3*** (0.000 1)	0.000 4*** (0.000 1)
LEV_MED_{-1}	−0.001 7 (0.058 3)	0.049 2*** (0.015 9)	0.004 8 (0.058 3)
$TAXES_{-1}$	0.003 9* (0.002 3)	0.004 7*** (0.002 2)	0.003 9* (0.002 3)
LIQ_{-1}	0.090 1 (0.140 5)	0.086 9 (0.098 6)	0.082 1 (0.140 4)
$TANG\_ASSET_{-1}$	−0.405 7 (3.779 1)	−1.860 8 (1.554 8)	−0.651 9 (3.777 1)
$EBIT\_ASSET_{-1}$	−14.464 2*** (6.014 5)	−12.110 3*** (3.627 3)	−16.361 3*** (6.071 0)
DEP_ASSET_{-1}	−54.414 0*** (26.562 6)	−35.316 2*** (9.440 2)	−51.748 5* (26.565 0)
$LNASSET_{-1}$	0.289 4 (0.711 2)	0.666 6*** (0.162 0)	0.597 3 (0.724 4)
BM_{-1}	0.429 4 (0.875 5)	1.441 0*** (0.634 5)	−0.310 1 (0.937 7)
个体固定效应	控制	—	控制
时间固定效应	—	控制	控制
样本量	2 855	2 855	2 855
R^2	0.871 8	0.884 2	0.871 3
Panel B：非国有企业			
	(1)	(2)	(3)
LEV_{-1}	0.109 3*** (0.034 0)	0.720 3*** (0.024 2)	0.108 4*** (0.034 0)
EPU_{-1}	−0.096 9*** (0.044 4)	−0.050 6 (0.167 9)	−0.082 9* (0.045 3)
EPU^2_{-1}	0.000 2 (0.000 1)	0.000 04 (0.000 6)	0.000 1 (0.000 1)

续前表

Panel B：非国有企业			
	(1)	(2)	(3)
$LEV_{-1} \times EPU_{-1}$	0.000 9*** (0.000 1)	0.000 5*** (0.000 1)	0.000 9*** (0.000 1)
LEV_MED_{-1}	0.103 7*** (0.050 4)	0.077 9*** (0.017 4)	0.098 7* (0.050 5)
$TAXES_{-1}$	−0.000 1 (0.000 8)	−0.000 2 (0.000 8)	−0.000 1 (0.000 8)
LIQ_{-1}	−0.065 3 (0.047 8)	−0.069 8*** (0.033 1)	−0.063 5 (0.047 8)
$TANG\_ASSET_{-1}$	0.297 0 (2.295 5)	4.184 5*** (1.360 2)	0.194 5 (2.295 9)
$EBIT\_ASSET_{-1}$	−5.449 2 (4.970 0)	−12.007 2*** (2.955 9)	−5.428 0 (4.968 9)
DEP_ASSET_{-1}	−75.705 6*** (25.065 5)	−37.524 5*** (10.148 6)	−79.000 7*** (25.146 8)
$LNASSET_{-1}$	1.540 5*** (0.621 5)	1.477 7*** (0.193 0)	1.414 1*** (0.626 5)
BM_{-1}	−1.685 3 (1.364 1)	−0.077 7 (0.882 3)	−1.427 8 (1.373 5)
个体固定效应	控制	—	控制
时间固定效应	—	控制	控制
样本量	5 164	5 164	5 164
R^2	0.744 7	0.796 6	0.745 0

说明：变量 $LEV_{-1} \times EPU_{-1}$表示滞后一期的资本结构与滞后一期的经济政策不确定性指标的交互项。变量 EPU^2_{-1}表示滞后一期的经济政策不确定性指标的平方项。***、**、* 分别表示在 1%、5%、10%的显著性水平下显著，括号内的数值为 t 值。

可以看到，即便将经济政策不确定性对企业确定目标资本结构的影响纳入考虑，即引入了新的变量 EPU^2_{-1}，其结果依然和表 7 - 5 的实证结果保持一致，即在国有企业分样本中，所有回归结果中的交互项都在 1%的显著性水平下显著为正，在非国有企业分样本中，所有回归结果中的交互项也都在 1%的显著性水平下显著为正。可以看出国有企业分样本中该变量的回归系数全部小于非国有企业中相应的回归系数。基本可以说明经济政策不确定性降低企业资本结构调整速度的作用，对非国有企业的影响相对较大，因此，本章对第二项研究假设 H7－2 的实证分析结果是稳健的。

表 7－9 总结了基于回归方程（7－8），对假设 H7－3 的稳健性检验结果。

表 7－9　　关于假设 H7－3 的稳健性检验结果

Panel A：强竞争性行业			
	(1)	(2)	(3)
LEV_{-1}	0.151 9*** (0.029 6)	0.722 5*** (0.019 8)	0.151 6*** (0.029 6)
EPU_{-1}	−0.132 9*** (0.033 9)	−0.172 6 (0.135 3)	−0.137 5*** (0.034 9)
EPU^2_{-1}	0.000 3*** (0.000 1)	0.000 5 (0.000 5)	0.000 3*** (0.000 1)
$LEV_{-1}\times EPU_{-1}$	0.000 7*** (0.000 1)	0.000 5*** (0.000 1)	0.000 7*** (0.000 1)
LEV_MED_{-1}	0.010 8 (0.051 4)	0.080 0*** (0.015 7)	0.013 8 (0.051 7)
$TAXES_{-1}$	−0.000 1 (0.000 7)	−0.000 03 (0.000 7)	−0.000 1 (0.000 7)
LIQ_{-1}	−0.032 2 (0.049 2)	−0.017 0 (0.034 0)	−0.329 1 (0.049 2)
$TANG\_ASSET_{-1}$	−2.061 9 (2.171 3)	2.137 4* (1.246 3)	−2.039 1 (2.171 8)
$EBIT\_ASSET_{-1}$	−16.726 6*** (4.697 1)	−11.930 7*** (2.737 0)	−16.845 6*** (4.702 1)
DEP_ASSET_{-1}	−61.680 1*** (21.755 0)	−41.598 9*** (8.322 9)	−60.734 7*** (21.819 9)
$LNASSET_{-1}$	1.494 3*** (0.517 4)	1.081 7*** (0.148 9)	1.541 5*** (0.524 1)
BM_{-1}	−0.956 2 (0.913 5)	1.574 7*** (0.613 0)	−1.074 0 (0.936 7)

续前表

Panel A：强竞争性行业			
	(1)	(2)	(3)
个体固定效应	控制	—	控制
时间固定效应	—	控制	控制
样本量	6 837	6 837	6 837
R^2	0.806 8	0.835 8	0.806 3

Panel B：弱竞争性行业			
	(1)	(2)	(3)
LEV_{-1}	0.310 2*** (0.060 5)	0.791 9*** (0.039 4)	0.306 8*** (0.060 5)
EPU_{-1}	−0.144 8*** (0.070 3)	0.142 5 (0.306 4)	−0.124 4* (0.072 7)
EPU^2_{-1}	0.000 3* (0.000 2)	−0.000 6 (0.001 0)	0.000 3 (0.000 2)
$LEV_{-1}\times EPU_{-1}$	0.000 5*** (0.000 2)	0.000 3 (0.000 2)	0.000 5*** (0.000 2)
LEV_MED_{-1}	0.152 6*** (0.075 1)	0.076 4*** (0.022 6)	0.155 3*** (0.075 2)
$TAXES_{-1}$	0.011 2*** (0.004 1)	0.005 8 (0.003 7)	0.011 1*** (0.004 1)
LIQ_{-1}	−0.105 8 (0.080 4)	−0.042 6 (0.059 3)	−0.103 4 (0.080 4)
$TANG\_ASSET_{-1}$	7.795 3* (4.325 6)	3.967 0* (2.126 7)	7.481 3* (4.334 4)
$EBIT\_ASSET_{-1}$	−0.641 0 (9.471 0)	−10.206 4*** (5.002 7)	0.015 6 (9.488 3)
DEP_ASSET_{-1}	3.283 8 (42.271 5)	−24.619 7* (14.890 0)	1.746 7 (42.288 5)
$LNASSET_{-1}$	2.859 9*** (1.279 9)	0.791 6*** (0.280 8)	2.616 9*** (1.298 5)
BM_{-1}	−1.176 6 (1.842 1)	0.303 1 (1.326 3)	−0.749 9 (1.882 0)

续前表

Panel B：弱竞争性行业			
	(1)	(2)	(3)
个体固定效应	控制	—	控制
时间固定效应	—	控制	控制
样本量	1 176	1 176	1 176
R^2	0.798 9	0.875 5	0.804 0

说明：变量 $LEV_{-1} \times EPU_{-1}$ 表示滞后一期的资本结构与滞后一期的经济政策不确定性指标的交互项。变量 EPU_{-1}^2 表示滞后一期的经济政策不确定性指标的平方项。***、**、* 分别表示在 1%、5%、10%的显著性水平下显著，括号内的数值为 t 值。

可以看到，即便将经济政策不确定性对企业确定目标资本结构的影响纳入考虑，即引入了新的变量 EPU_{-1}^2，其结果依然和表 7-6 的实证结果保持一致，即在强竞争性行业分样本中，所有回归结果中的交互项都在 1%的显著性水平下显著为正；在弱竞争性行业分样本中，回归结果（1）和（3）中的交互项系数也都在 1%的显著性水平下显著为正，而回归结果（2）中交互项的回归系数为 0.000 3，并且也不显著；可以看出强竞争性行业分样本中该变量的回归系数全部大于弱竞争性行业中相应的回归系数，且弱竞争性行业中回归结果的显著性也要弱于强竞争性行业回归结果的显著性。以上基本可以验证经济政策不确定性降低企业资本结构调整速度的作用，对强竞争性行业中的企业影响更大，因此，本章对第三项研究假设 H7-3 的实证结果也是稳健的。

7.4 本章小结

本章主要考察经济政策不确定性与企业资本结构动态调整速度的关系，通过对既有文献和研究成果以及相关理论的梳理，本章提出了三项研究假设：（1）经济政策不确定性显著降低了企业资本结构的调整速度；（2）当经济政策不确定性增加时，国有企业资本结构调整速度更快；（3）经济政策不确定性对处于竞争性强行业企业的资本结构调整速度影响更大。

本章利用 2012—2016 年我国 A 股上市的全部非金融企业作为研究样本，借鉴 Flannery 等（2006）和 Byoun（2008）的不完全调整模型，在此基础上进行扩展，并基于面板数据进行实证分析，既检验了全样本中经济政策不确定性与企业资本结构动态调整速度的关系，又进行了分样本的检验——包括国有企业和非国有企业，以及强竞争性行业与弱竞争性行业两种方式的分样本。

最终实证结果表明：（1）经济政策不确定性的确对企业资本结构调整速度具有抑制作用，这种抑制作用具有非常强的显著性；（2）经济政策不确定性降低企业资本结构调整速度的作用，对非国有企业的影响更大，而对国有企业的影响相对较小；（3）经济政策不确定性降低企业资本结构调整速度的作用，对强竞争性行业中的企业影响更大，而对弱竞争性行业中的企业则影响相对较小。并且，这三个实证结果与结论都具有稳健性，从而验证了本章提出的三项研究假设的成立。

更重要的是，上述三个实证结果也与前文的相关文献及理论分析的结果一致，符合本书的预期。可以看出，本章具有以下的理论及实践意义：第一，本章采用了理论模型推导和实证模型检验相结合的方法。在既有文献的、标准的资本结构不完全调整模型的基础上，引入经济政策不确定性的指标和变量，使目标模型变为包含经济政策不确定性的企业资本结构广义调整模型。并在此基础之上，通过样本和变量的选取，对理论模型进行实证回归分析。这一点具有一定的创新意义，同时也保证了本章的论证方法以及结论的科学性、严谨性。第二，本章论证了宏观层面的经济政策不确定性对微观层面的企业资本结构调整速度的影响，即经济政策不确定性对企业资本结构调整速度具有抑制作用。从而说明，在当前供给侧改革的指引下，我国经济政策的制定应相应提高透明度和平稳性，并增加其可预期性，进而才能有效支持实体企业的发展、充分满足实体企业的发展需求。第三，本章在总体样本分析结果的基础上，进一步进行分样本检验——国有企业与非国有企业的比对、强竞争性行业与弱竞争性行业的比对，得出结论：经济政策不确定性降低企业资本结构调整速度的作用，对非国有企业的影响更大，对强竞争性行业中的企业影响更大。这一结果在既有的研究文献中较少提及，也未被充分认识到，对既有研究是一种有益补充。同时，在宏观层面的政策制定中，这一结果也可作为相关的建议参考，即考虑是否可以对受影响较大的企业群体（非国有企业与强竞争性行业中的企业）进行相应的保护或政策补贴，也就是在政策制定中对这些企业保有一定程度的倾向性，具有一定的实践意义。

第 8 章 研究结论

8.1 主要研究结论

本书基于中国沪深 A 股上市公司数据，以风险厌恶理论、实物期权理论、公司治理理论、企业投资理论以及资本结构理论为基础，通过实证研究探讨经济政策不确定性对微观企业的创新活动、投资效率、存货管理、盈余管理以及资本结构调整的影响，为政府政策制定和调整、企业微观行为优化提供相应理论依据和现实参考。本书的主要研究结论如下：

第一，本书基于中国沪深 A 股上市公司数据，以研发投入和专利成果来衡量企业创新，探究 2010—2016 年中国经济政策不确定性与企业创新之间的关系，以及制度环境对二者关系的调节效应，并区分企业性质对国有企业和非国有企业中经济政策不确定性与企业创新之间的关系进行检验。本书通过实证研究得出以下结论：（1）基于市场竞争和风险偏好，经济政策不确定性会促进企业创新；（2）经济政策不确定性会显著促进国有企业的创新活动，而对非国有企业的创新无显著影响；（3）制度环境水平越低，经济政策不确定性对企业创新行为的促进作用越显著；制度环境越完善，经济政策不确定性对企业创新行为的促进作用会减弱。

第二，本书基于中国 2008—2016 年中国沪深 A 股上市公司数据，探究经济政策不确定性与企业投资效率之间的关系，具体将投资效率的度量分为投资过度和投资不足两组，同时考察不同产权性质以及不同投资机会下，经济政策不确定性对企业投资效率的影响。结果发现：（1）经济政策不确定性与企业投资效率显著正相关。（2）在不同产权性质下，经济政策不确定性促进企业改善投资效率的作用存在显著差异。即相对国有企业而言，非国有企业改善投资效率的能力较弱。（3）当企业面临较差的投资机会时，经济政策不确定性将更加显著地改善企业的投资效率。

第三，本书以中国沪深A股上市公司2000—2016年的季度数据为样本进行实证分析，探讨了经济政策不确定性对公司存货管理的影响。结果发现：（1）宏观经济政策不确定性与企业存货持有水平显著负相关；（2）经济政策不确定性对非国有企业的存货持有水平影响更大；（3）经济政策不确定性对处于强竞争性行业的企业存货持有水平影响更大。

第四，本书基于中国2005—2016年沪深A股上市公司数据考察了中国经济政策不确定性对企业盈余管理行为的影响。通过实证发现，中国经济政策不确定性的增加会激励企业采取盈余管理，且对成长型企业作用更加明显，同时，这种影响又具有显著的非对称效应，即主要对企业正向盈余管理行为产生影响，而对负向盈余管理行为的作用并不明显，在区分企业成长性后依然成立。

第五，本书利用2012—2016年中国沪深A股上市公司作为研究样本，分析了经济政策不确定性与企业资本结构调整速度的关系。得出以下结论：（1）经济政策不确定性的确对企业资本结构的调整速度具有显著的抑制作用；（2）经济政策不确定性有降低企业资本结构调整速度的作用，这种作用只对非国有企业影响大；（3）经济政策不确定性降低企业资本结构调整速度，对强竞争性行业中的企业影响较大。

8.2 研究不足与展望

本书主要是采用中国沪深A股上市公司的数据，探讨了经济政策不确定性对微观企业行为的影响，得到了一些有价值的结论，但是仍存在着诸多不足和有待进一步研究之处。

第一，在经济政策不确定性的指标选择上，虽然学术界更普遍地使用了 Baker 等（2013）构建的月度中国经济政策不确定性指数（*EPU*），该指标也具有一定的权威性和可靠性，但该指数的构建是基于一家报纸的信息，是否全面准确还有待深究。我们未来将进一步采用混频数据模型对该指标进一步优化，并与原结果进行比较，但具体实施也较为复杂。

第二，处于不同生命周期或发展阶段的企业，在经济政策不确定性条件下，所面临的外部政策和融资约束不完全一致，进而对企业创新、投资效率、存货管理、盈余管理及资本结构调整的影响会存在差异，这也是未来研究的一个可行方向。

第三，经济政策不确定性对企业行为的影响极为复杂，本书主要采用了上市公司为研究对象，但在中国，还有众多小微企业，它们受到的影响可能会更大。因此，在未来研究中，可以考虑重点研究经济政策不确定性对小微企业行为的影响。不过，小微企业相关数据的获取可能存在一定困难。

第四，由于信息不对称性以及经济政策不确定性的传导需要一定时间，通常经济政策不确定性对于企业包括存货管理在内的经营活动的影响是滞后的。但是这个滞后时间一般也难以确认。后续可以考虑建立更复杂的模型探究经济政策不确定性影响的滞后时间阶数，并且将时间滞后性一并考虑进去，进行更为准确的实证研究。

参考文献

[1] 安同良，周绍东，皮建才. R&D 补贴对中国企业自主创新的激励效应. 经济研究，2009（10）：87－98＋120.

[2] 陈德球，金雅玲，董志勇. 政策不确定性、政治关联与企业创新效率. 南开管理评论，2016（4）：27－35.

[3] 陈共荣，李琳. IPO 前盈余管理与抑价现象的实证研究. 系统工程，2006（9）：74－84.

[4] 陈国进，王少谦. 经济政策不确定性如何影响企业投资行为. 财贸经济，2016（5）：5－21.

[5] 陈俊. 税收负担与盈余管理：基于内部控制的研究视角. 财贸研究，2016（6）：131－142.

[6] 陈武朝. 经济周期、行业景气度与盈余管理——来自中国上市公司的经验证据. 审计研究，2013（5）：96－105.

[7] 陈小悦，肖星，过晓燕. 配股权与上市公司利润操纵. 经济研究，2000（1）：30－36.

[8] 成力为，戴小勇. 研发投入分布特征与研发投资强度影响因素的分析——基于我国 30 万个工业企业面板数据. 中国软科学，2012（8）：152－165.

[9] 戴严科，林曙. 利率波动、融资约束与存货投资——来自中国制造业企业的证据. 金融研究，2017（4）：95－111.

[10] 杜兴强，周泽将. 高管变更、继任来源与盈余管理. 当代经济科学，2010（1）：23－33.

[11] 樊纲，王小鲁，朱恒鹏. 中国市场化指数：各地区市场化相对进程 2011 年报告. 北京：经济科学出版社，2011.

［12］冯丽梅，王秀凤，李威. 加强企业存货管理的途径. 冶金财会，2005，24（1）：21－21.

［13］冯展斌，杨兴全，李庆德. 公司借款增强抑或降低盈余质量——基于外部治理环境和宏观经济政策的研究. 金融论坛，2013（18）：68－77.

［14］高雷，张杰. 公司治理、机构投资者与盈余管理. 会计研究，2008（9）：64－72.

［15］顾文涛，潘莉燕，李恒奎. 经济政策不确定性、银行信贷与企业投资：基于企业异质性视角的实证分析. 投资研究，2017（2）：17－32.

［16］郭华，王程，李后建. 政策不确定性、银行授信与企业研发投入. 宏观经济研究，2016（2）：89－105＋112.

［17］韩国高，胡文明. 宏观经济不确定性、企业家信心与固定资产投资——基于我国省际动态面板数据的系统 GMM 方法. 财经科学，2016（3）：79－89.

［18］郝威亚，魏玮，温军. 经济政策不确定性如何影响企业创新？——实物期权理论作用机制的视角. 经济管理，2016（10）：40－54.

［19］郝永敬，康冰清，黄东艳. 经济政策不确定性对我国中小企业投资的影响. 科技与经济，2017（6）：96－100.

［20］胡琼. 企业存货管理研究. 合肥：安徽农业大学，2009.

［21］黄继承，姜付秀. 产品市场竞争与资本结构调整速度. 世界经济，2015，38（7）：99－119.

［22］黄静. 完善企业存货管理的几个重要措施. 会计之友，2009（17）：19－19.

［23］黄文伴，李延喜. 公司治理结构与盈余管理关系研究. 科研管理，2010（32）：144－150.

［24］黄文伴，李延喜. 管理者薪酬契约与公司盈余管理程度关系. 科研管理，2011（32）：133－139.

［25］贾良定，张君君，钱海燕，崔荣军，陈永霞. 企业多元化的动机、

时机和产业选择——西方理论和中国企业认识的异同研究. 管理世界，2005 (8)：94-104+172.

[26] 贾倩，孔祥，孙铮. 政策不确定性与企业投资行为——基于省级地方官员变更的实证检验. 财经研究，2013，39 (2)：81-91.

[27] 姜付秀，张敏，陆正飞，陈才东. 管理者过度自信、企业扩张与财务困境. 经济研究，2009 (1)：131-143.

[28] 刘康兵，申朴. 融资约束、不确定性与公司投资：基于制造业上市公司面板数据的证据. 南开经济研究，2011 (4)：86-97.

[29] 纪敏，王月. 对存货顺周期调整和宏观经济波动的分析. 经济学动态，2009 (4)：11-16.

[30] 姜付秀，刘志彪. 经济波动中的资本结构与产品市场竞争. 金融研究，2005 (12)：73-85.

[31] 姜付秀，刘志彪. 行业特征、资本结构与产品市场竞争. 管理世界，2005 (10)：74-81.

[32] 蒋义宏. 一个不容忽视的问题——上市公司利润操纵的实证研究. 中国证券报，1998 (3)：19-20.

[33] 解维敏，唐清泉，陆姗姗. 政府 R&D 资助，企业 R&D 支出与自主创新——来自中国上市公司的经验证据. 金融研究，2009 (6)：86-99.

[34] 靳庆鲁，孔祥，侯青川. 货币政策、民营企业投资效率与公司期权价值. 经济研究，2012 (5)：96-106.

[35] 弗兰克·H. 奈特. 风险、不确定性与利润. 北京：商务印书馆，2010.

[36] 雷强. 银行监督与上市公司盈余管理关系的实证研究——来自中国证券市场的经验证据. 审计与经济研究，2010 (25)：91-98.

[37] 李泊. 浅析企业存货管理. 企业经济，2008 (10)：77-79.

[38] 李常青，魏志华，吴世农. 半强制分红政策的市场反应研究. 经济研究，2010 (3)：144-155.

[39] 李常青，管连云. 股权结构与盈余管理关系的实证研究. 商业研究，2004 (19)：48－53.

[40] 李凤羽，杨墨竹. 经济政策不确定性会抑制企业投资吗？——基于中国经济政策不确定指数的实证研究. 金融研究，2015 (4)：115－129.

[41] 李科，徐龙炳. 资本结构、行业竞争与外部治理环境. 经济研究，2009 (6)：116－128.

[42] 李立强，申振，廖国琼. 基于 RFID 的智能货架设计与实现. 数字技术与应用，2013 (1)：130－131.

[43] 李万福，杜静，张怀. 创新补助究竟有没有激励企业创新自主投资——来自中国上市公司的新证据. 金融研究，2017 (10)：130－145.

[44] 李延喜，曾伟强，马壮. 外部治理环境、产权性质与上市公司投资效率. 南开管理评论，2015 (1)：25－36.

[45] 李阳. 权益法、盈利水平与企业盈余管理. 财会月刊，2015 (6)：3－7.

[46] 李增福，董志强，连玉君. 应计项目盈余管理还是真实活动盈余管理？——基于我国 2007 年所得税改革的研究. 管理世界，2011 (1)：121－134.

[47] 梁权熙，田存志，詹学斯. 宏观经济不确定性、融资约束与企业现金持有行为——来自中国上市公司的经验证据. 南方经济，2012 (4)：3－16.

[48] 林钟高，张春艳. 环境不确定性、客户集中度与企业创新能力——基于创业板公司上市前后主要客户变动的视角. 会计之友，2017 (16)：47－53.

[49] 林钟高，郑军，卜继栓. 环境不确定性、多元化经营与资本成本. 会计研究，2015 (2)：36－43＋93.

[50] 刘端，陈收. 中国市场管理者短视、投资者情绪与公司投资行为扭曲研究. 中国管理科学，2006 (2)：16－23.

[51] 刘飞. 中国库存概况及制造业库存影响因素实证研究. 北京：清华大学，2010.

［52］刘峰. 制度安排与会计信息质量——红光实业的案例分析. 会计研究，2001（7）：7－15.

［53］刘凤委，孙铮，李增泉. 政府干预、行业竞争与薪酬契约——来自国有上市公司的经验证据. 管理世界，2007（9）：76－84.

［54］刘慧龙，王成方，吴联生. 决策权配置、盈余管理与投资效率. 经济研究，2014（8）：93－106.

［55］刘红忠，张昉. 投资者情绪与上市公司投资——行为金融角度的实证分析. 复旦学报（社会科学版），2004（5）：63－68.

［56］刘立国，杜莹. 公司治理与会计信息质量关系的实证研究. 会计研究，2003（2）：28－36.

［57］刘晓雪. 北京零售企业库存水平影响因素的实证分析——基于 2001～2010 年上市公司的数据. 北京工商大学学报（社会科学版），2012，27（1）：23－28.

［58］刘玉玉，唐嘉尉. 行业景气度及其波动性对公司盈余管理的影响研究. 审计研究，2017（2）：104－112.

［59］刘运国，刘梦宁. 雾霾影响了重污染公司的盈余管理吗？——基于政治成本假说的考察. 会计研究，2015（3）：26－33.

［60］龙文，王惠文. 基于成分数据的市场集中度指标预测建模方法及应用. 系统工程，2008，26（5）：42－46.

［61］罗付岩. 机构投资者异质性、投资期限与公司盈余管理. 管理评论，2015（27）：174－184.

［62］罗进辉，杜兴强. 媒体报道、制度环境与股价崩盘风险. 会计研究，2014（9）：53－59.

［63］马金花，徐东梅. JIT 存货管理与传统存货管理的对比分析. 物流技术，2004（7）：16－17.

［64］马续涛，沈悦. 不确定性冲击、银行风险承担与经济波动. 当代经济科学，2016，38（6）：55－63＋124.

［65］孟庆斌，师倩. 宏观经济政策不确定性对企业研发的影响：理论与经验研究. 世界经济，2017（9）：75－98.

［66］宁亚平. 盈余管理的定义及其意义研究. 会计研究，2004（9）：62－66.

［67］齐欣，王策. 政策边界视角下政府补贴对企业研发模式的影响. 科技进步与对策，2015，32（5）：100－105.

［68］祁怀锦，黄有为. IPO公司盈余管理行为选择及不同市场间的差异. 会计研究，2016（8）：34－41.

［69］邱兆祥，刘远亮. 宏观经济不确定性与银行资产组合行为：1995～2009. 金融研究，2010（11）：34－44.

［70］全红坡. 资本结构与公司治理研究. 济南：山东大学，2005.

［71］饶品贵，岳衡，姜国华. 通货膨胀预期与企业存货调整行为. 经济学：季刊，2016（1）：499－526.

［72］饶品贵，徐子慧. 经济政策不确定性影响了企业高管变更吗？管理世界，2017（1）：145－157.

［73］任春艳. 上市盈余管理与公司准则制定. 北京：中国财政经济出版社，2004.

［74］任杰. 海外矿产资源项目投资风险评估与实物期权研究. 北京：中国地质大学（北京），2014.

［75］申慧慧，于鹏，吴联生. 国有股权、环境不确定性与投资效率. 经济研究，2012（7）：113－126.

［76］申慧慧. 环境不确定性对盈余管理的影响. 审计研究，2010（1）：91－98.

［77］石军. 独立董事制度与公司治理的有效性——基于中国上市公司盈余管理的实证研究. 人文杂志，2009（3）：101－107.

［78］苏宁. 应用RFID的零售卖场进销存管理信息系统的分析与设计. 北京：对外经济贸易大学，2007.

［79］谭小芬，张文婧. 经济政策不确定性影响企业投资的渠道分析. 世界经济，2017（12）：3－26.

［80］唐雪清. 浅谈企业的存货管理存在问题、原因以及解决办法. 当代经济，2010（14）：26－27.

［81］唐雪松，周晓苏，马如静. 政府干预、GDP 增长与地方国有企业过度投资. 金融研究，2010（8）：33－48.

［82］陶燕. 债务期限约束、高管薪酬与盈余管理. 财会月刊，2018（6）：18－25.

［83］田昊，刘彩华. JIT 存货管理理论在我国企业的应用. 边疆经济与文化，2006（6）：23－25.

［84］汪健，曲晓辉. 关联交易、资本结构与盈余管理——基于 A 股上市公司的经验证据. 山西财经大学学报，2014（36）：120－133.

［85］王化成，刘欢，高升好. 经济政策不确定性、产权性质与商业信用. 经济理论与经济管理，2016（5）：34－45.

［86］王凯，武立东. 环境不确定性与企业创新——企业集团的缓冲作用. 科技管理研究，2016（10）：191－196.

［87］王岚. 关于企业存货管理问题的探讨. 辽宁行政学院学报，2007，9（2）：90－92.

［88］王丽莉. 企业存货管理中存在的问题及对策. 会计之友，2011（35）：72－73.

［89］王霞，张敏，于富生. 管理者过度自信与企业投资行为异化——来自我国证券市场的经验证据. 南开管理评论，2008（2）：77－83.

［90］王义中，宋敏. 宏观经济不确定性、资金需求与公司投资. 经济研究，2014（2）：4－17.

［91］王云，李延喜，宋金波，马壮. 公司生命周期视角下盈余管理方式研究——基于债务契约理论. 管理评论，2016（28）：75－91.

［92］王小鲁，樊纲，余静文，等. 中国分省份市场化指数报告（2016）.

北京：社会科学文献出版社，2017.

［93］魏明海. 盈余管理基本理论及其研究评述. 会计研究，2000（9）：37－42.

［94］吴德军，郭慧敏，郭飞. 政治成本与盈余管理的不对称性——基于煤电联动政策的视角. 会计研究，2016（8）：42－49.

［95］吴延兵. 企业规模、市场力量与创新：一个文献综述. 经济研究，2007（5）：125－138.

［96］向文祺. 我国制造业上市公司存货管理影响因素的实证研究. 北京：北京化工大学，2013.

［97］谢柳芳，朱荣，何苦. 退市制度对创业板上市公司盈余管理行为的影响——基于应计与真实盈余管理的分析. 审计研究，2013（1）：95－102.

［98］辛清泉，郑国坚，杨德明. 企业集团、政府控制与投资效率. 金融研究，2007（10）：123－142.

［99］徐贤浩，李锐娟. 存货影响销售率的短生命周期物品库存管理. 系统管理学报，2007，16（2）：135－138.

［100］徐勇强. 管理者风险厌恶及其存货管理行为研究. 邯郸：河北工程大学，2010.

［101］徐志平，姚明安. 库存管理与企业绩效分析——以我国制造业上市公司的实证分析为例. 汕头大学学报（人文社会科学版），2008，24（1）：60－64.

［102］许志伟，薛鹤翔，车大为. 中国存货投资的周期性研究——基于采购经理人指数的动态视角. 经济研究，2012（8）：81－92.

［103］严若森，华小丽. 环境不确定性、连锁董事网络位置与企业创新投入. 管理学报，2017（3）：373－381＋432.

［104］杨记军，逯东，杨丹. 国有企业的政府控制权转让研究. 经济研究，2010（2）：69－82.

［105］杨洁. 我国创业板上市公司 IPO 盈余管理实证研究. 金融与经济，

2013 (7)：72 - 75.

[106] 杨武杰. 我国制造业上市公司存货管理影响因素的实证研究. 中小企业管理与科技（中旬刊），2016 (5)：17 - 18.

[107] 叶康涛，刘行. 税收征管、所得税成本与盈余管理. 管理世界，2011 (5)：140 - 148.

[108] 易纲，吴任昊. 论存货与经济波动（下）——理论回顾与对中国情况的初步分析. 财贸经济，2000 (6)：5 - 9.

[109] 余红梅. 企业存货管理中存在的问题及应对措施. 对外经贸，2011 (10)：116 - 117.

[110] 喻坤，李治国，张晓蓉. 企业投资效率之谜：融资约束假说与货币政策冲击. 经济研究，2014 (5)：106 - 120.

[111] 袁蔡群，仝允桓，王艳华. 企业集团内政策不确定性对子公司新技术投资决策的影响. 系统工程理论与实践，2007 (1)：60 - 67.

[112] 袁建国，程晨，后青松. 环境不确定性与企业技术创新——基于中国上市公司的实证研究. 管理评论，2015 (10)：60 - 69.

[113] 翟胜宝，易旱琴，郑洁. 银企关系与企业投资效率——基于我国民营上市公司的经验证据. 会计研究，2014 (4)：74 - 80.

[114] 张春辉，陈继祥. 两种创新补贴对创新模式选择影响的比较分析. 科研管理，2011 (8)：9 - 16.

[115] 张光利，钱先航，许进. 经济政策不确定性能够影响企业现金持有行为吗？管理评论，2017，29 (9)：15 - 27.

[116] 张辉，刘佳颖，何宗辉. 政府补贴对企业研发投入的影响——基于中国工业企业数据库的门槛分析. 经济学动态，2016 (12)：28 - 38.

[117] 张杰，芦哲，郑文平，陈志远. 融资约束、融资渠道与企业 R&D 投入. 世界经济，2012 (10)：66 - 90.

[118] 张军，王喜平. 政策不确定性预期对 FDI 流量的影响及对策分析. 工业技术经济，2005 (1)：71 - 73.

［119］张伟华，郭盈良，张昕. 纵向一体化、产权性质与企业投资效率. 会计研究，2016（7）：35－41.

［120］章卫东. 定向增发新股与盈余管理——来自中国证券市场的经验证据. 管理世界，2010（1）：21－49.

［121］赵明荣，杨佳. 我国企业存货管理存在的主要问题及对策. 对外经贸，2012（1）：143－144.

［122］赵泉午，黄志忠，卜祥智. 国内零售企业库存水平影响因素的实证研究——基于沪深零售业上市公司的面板数据. 管理工程学报，2010，24（2）：48－55.

［123］甄红线，张先治，迟国泰. 制度环境、终极控制权对公司绩效的影响——基于代理成本的中介效应检验. 金融研究，2015（12）：162－177.

［124］钟凯，程小可，王化成. 货币政策不确定性损害了资金配置效率吗？——来自企业资本结构视角的经验证据. 中国会计评论，2017（3）：307－334.

［125］钟田丽，范宇. 上市公司产品市场竞争程度与财务杠杆的选择. 会计研究，2004（6）：73－77.

［126］朱治理，温军，赵建兵. 政府研发补贴、社会投资跟进与企业创新融资. 经济经纬，2016，33（1）：114－119.

［127］Aggarwal R. K.，Samwick A. A. Why Do Managers Diversify Their Firms? Agency Reconsidered. *Journal of Finance*，2003，58（1）：71－118.

［128］Aggarwal R.，Samwick. A. Empire-Builders and Shirkers：Investment，Firm Performance，and Managerial Incentives. *Journal of Corporate Finance*，2006（12）：489－515.

［129］Alsharair M.，Salama A. Does High Leverage Impact Earnings Management? Evidence from Non-cash Merges and Acquisitions. *Journal of Financial and Economic Practice*，2012（12）：17－33.

［130］ Altinkihc. O. , Hansen R. S. Are There Economies of Scale in Underwriting Fees? Evidence of Rising External Financing Costs. *Review of Financial Studies*, 2000, 13 (1): 191 - 218.

［131］ Martha Amram, Nalin kulatilaka. *Real Options: Managing Strategic Investment in an Uncertain World*. Boston: Harvard Business School Press, 1999: 828 - 829.

［132］ An H. , Chen Y. , Luo D. , Zhang T. Political Uncertainty and Corporate Investment: Evidence from China. *Journal of Corporate Finance*, 2016 (36): 174 - 189.

［133］ Andrea Caggese. Entrepreneurial Risk, Investment, and Innovation. *Journal of Financial Economics*, 2012 (2): 287 - 307.

［134］ Arrow Kenneth J. The Economic Implication of Learning by Doing. *Review of Economic Studies*, 1962, 29 (3): 155 - 173.

［135］ Atanassov J. , Julio B. , Leng Tiecheng. The Bright Side of Political Uncertainty: The Case of R&D. Working Paper, 2015.

［136］ Baker M. , Wurgler. J. Market Timing and Capital Structure. *Journal of Finance*, 2002, 57 (1): 1 - 30.

［137］ Baker M. , Stein J. C. , Wurgler J. When Does the Market Matter? Stock Prices and the Investment of Equity-Dependent Firms, *Quarterly Journal of Economics*, 2003, 118 (3): 969 - 1005.

［138］ Baker S. R. , Bloom N. , Davis S. J. Measuring Economic Policy Uncertainty. Stanford University Working Paper, 2013.

［139］ Baker S. R. , Bloom N. , Davis S. J. Measuring Economic Policy Uncertainty. National Bureau of Economic Rcsearch, 2015.

［140］ Baker S. R. , Bloom N. , Davis S. J. Measuring Economic Policy Uncertainty. *The Quarterly Journal of Economics*, 2016, 131 (4): 1593 - 1636.

［141］ Banerjee S. , Heshmati A. , Wihlborg, C. The Dynamics of Capital

Structure. Working Paper, 2000.

[142] Baum C. F., Caglayan M., Ozkan N. The Second Moments Matter: The Impact of Macroeconomic Uncertainty on the Allocation of Loanable Funds. *Economics Letters*, 2009, 102 (2): 87 - 89.

[143] Begley J. Debt Govenance and Accounting Choice. *Journal of Accounting and Economics*. 1990 (12): 125 - 139.

[144] Bernanke B., Gertler M. Agency Costs, Net Worth and Business Fluctuations. *The American Economic Review*, 1989, 79 (1): 14 - 31.

[145] Bernanke B. S. Irreversibility, Unertainty, and Cyclical Investment. *Quarterly Journal of Economics*, 1983 (98): 85 - 106.

[146] Blinder A. S., Maccini L. J. Taking Stock: A Critical Assessment of Recent Research on Inventories. *Journal of Economic Perspectives*, 1991, 5 (1): 73 - 96.

[147] Bloom N., Bond S., Reenen J. V. Uncertainty and Investment Dynamics. *Review of Economic Studies*, 2007, 74 (2): 391 - 415.

[148] Bloom N. The Impact of Uncertainty Shocks. *Econometrica*, 2009, 77 (3): 623 - 685.

[149] Bloom N. Fluctuations in Uncertainty. *Journal of Economic Perspectives*, 2014, 28 (2): 153 - 175.

[150] Bolton P., Scharfstein D. S. A Theory of Predation Based on Agency Problems in Financial Contracting. *American Economic Review*, 1990, 80 (1): 93 - 106.

[151] Bond S., Reenen J. V. Uncertainty and Investment Dynamics. *Review of Economic Studies*, 2007, 74 (2): 391 - 415.

[152] Bowman E. H., Hurry D. Strategy through the Option Lens: An Integrated View of Resource Investments and the Incremental-Choice Process. *Academy of Management Review*, 1993, 18 (4): 760 - 782.

[153] Boutchkova M., Doshi H., Durnev A., Molchanov A. Precarious Politics and Return Volatility. *The Review of Financial Studies*, 2011, 25 (4): 1111-1154.

[154] Brown P. R. Earnings Management: A Subtle and Troublesome Twist to Earnings Quality. *Journal of Finance Statement Analysis*, 1999 (4): 61-63.

[155] Brander J. A., Lewis T. R. Oligopoly and Financial Structure: The Limited Liability Effect. *American Economic Review*, 1986, 76 (5).

[156] Brogaard J., Detzel A. L. The Asset Pricing Implications of Government Economic Policy Uncertainty. *Social Science Electronic Publishing*, 2016, 61 (1): 3-18.

[157] Burns N., Kedia S., Lipson M. Institution Ownership and Monitoring: Evidence from Financial Misreporting. *Journal of Corporate Finance*, 2010 (16): 443-455.

[158] Bushman R., Piotroski J. Financial Reporting Incentives for Conservative Accounting: The Influence of Legal and Political Institutions. *Journal of Accounting and Economics*, 2006 (42): 107-148.

[159] Byoun. How and When Do Firms Adjust Their Capital Structures toward Targets?. *The Journal of Finance*, 2008, 63 (6): 3069-3096.

[160] Caglayan M., Maioli S., Mateut S. Inventories, Sales Uncertainty, and Financial Strength. *Journal of Banking & Finance*, 2012, 36 (9): 2512-2521.

[161] Cao W., Duan X., Uysal V. B. Does Political Uncertainty Affect Capital Structure Choices?. University of Oklahoma Working Paper, 2013.

[162] Chung R. M. Institutional Ownerships Capital Structure and Firm Performance. *Journal of Corporate Finance*, 2007 (1): 1-29.

[163] Colak G., Flannery M. J., Öztekin Ö. Political Uncertainty,

Transaction Costs, and Leverage Adjustments: An International Perspective. Working Paper, 2014.

[164] Cook D. O., Tang, T. Macroeconomic Conditions and Capital Structure Adjustment Speed. *Journal of Corporate Finance*, 2010, 16 (1): 73-87.

[165] Copeland T. E., Antikarov V. *Real Options: A Practitioner's Guide*. New York: Texere, 2001.

[166] Davis G. A. Estimating Volatility and Dividend Yield When Valuing Real Options to Invest or Abandon. *Quarterly Review of Economics & Finance*, 1998, 38 (3): 725-754.

[167] DeAngelo H., Masulis R. W. Optimal Capital Structure Under Corporate and Personal Taxation. *Journal of Financial Economics*, 1980, 8 (1): 3-29.

[168] Dechow P. M., Skinner D. J. Earnings Management: Reconciling the View of Accounting Academics, Practitioners and Regulars. *Accounting Horizons*, 2000 (2): 235-250.

[169] Dechow P. M., Sloan R. G., Sweeney A. P. Causes and Consequences of Earnings Manipulation: An Analysis of Firms Subject to Enforcement Actions by the SEC. *Contemporary Accounting Research*, 2005 (3): 1-36.

[170] Demiralp I., Mello R., Schlingemann F. P. Are There Monitoring Benefits to Institutional Ownership? Evidence from Seasoned Equity Offering. *Journal of Corporate Finance*, 2011 (17): 1340-1356.

[171] Dyck A., Zingales L. Private Benefits of Control: An International Comparison. *Journal of Finance*, 2004, 59 (2): 537-600.

[172] Fama E., French K. Capital Structure Choices. Working Paper, 2011.

[173] Fama E. F., Miller M. H. The Theory of Finance. *Journal of Money Credit & Banking*, 1972, 5 (1): 229.

[174] Faulkender M., Flannery M. J., Hankins K. W., Smith J. M. Cash Flows and Leverage Adjustments. *Journal of Financial Economics*, 2012, 103 (3): 632 - 646.

[175] Fernández-Villaverde J., Rubio-Ramírez J. F. Solving DSGE Models with Perturbation Methods and a Change of Variables. *Journal of Economic Dynamics & Control*, 2006, 30 (12): 2509 - 2531.

[176] Fischer E. O., Heinkel R., Zechner J. Dynamic Capital Structure Choice: Theory and Tests. *The Journal of Finance*, 1989, 44 (1): 19 - 40.

[177] Flannery M. J., Rangan K. P. Partial Adjustment toward Target Capital Structures. *Journal of Financial Economics*, 2006, 79 (3): 469 - 506.

[178] Ford D. N., Lander D. M., Voyer J. J. A Real Options Approach to Valuing Strategic Flexibility in Uncertain Construction Projects. *Construction Management & Economics*, 2002, 20 (4): 343 - 351.

[179] Francis B. B., Hasan I., Zhu Y. Political Uncertainty and Bank Loan Contracting. *Journal of Empirical Finance*, 2014 (29): 281 - 286.

[180] Franz D. R., Hassabelnaby H. R., Lobo G. J. Impact of Proximity to Debt Covenant Violation on Earnings Management. *Review of Accounting Studies*, 2014 (19): 473 - 505.

[181] Friedman M. Quantity Theory of Money. *General Information*, 1987.

[182] Frydenberg S., Baker H. K., Martin G. S. Capital Structure Theories and Empirical Tests: An Overview//Baker H. Kent, Martin Geralds. *Capital Structure and Corporate Financing Decisions: Theory, Evidence, and Practice*. New Jersey: John Wiley & Sons Inc, 2011: 127 - 149.

[183] Gao P., Qi Y. Political Uncertainty and Public Financing Costs: Evidence from US Municipal Bond Markets. Working Paper, 2012.

[184] Gaur V., Fisher M. L., Raman A. An Econometric Analysis of Inventory Turnover Performance in Retail Services. *Management Science*, 2005, 51 (2): 181-194.

[185] Gaur V., Kesavan S. The Effects of Firm Size and Sales Growth Rate on Inventory Turnover Performance in the U. S. *Retail Sector*, 2008 (223): 25-52.

[186] Goel A., Thakor A. Why Do Firms Smooth Earnings? . *Journal of Business*, 2003 (1) : 151-192.

[187] Graham J., Harvey C. The Theory and Practice of Corporate Finance: Evidence from the Field. *Journal of Financial Economics*, 2001 (60): 187-243.

[188] Guidry F., Leone A. J., Rock S. Earnings-based Bonus Plans and Earnings Management by Business-unit Managers. *Journal of Account Economics*, 1999 (26): 113-142.

[189] Gulen H., Ion M. Editor's Choice: Policy Uncertainty and Corporate Investment, *Review of Financial Studies*, 2016 (29): 523-564.

[190] Handley K., Limão N. Trade and Investment Under Policy Uncertainty: Theory and Firm Evidence. Cepr Discussion Papers, 2012, 7 (4) .

[191] Harris M., Raviv A. Corporate Control Contests and Capital Structure. *Journal of Financial Economics*, 1988, 20 (1-2): 55-86.

[192] Healy P. M. The Effect of Bonus Schemes on Accounting Decisions. *Journal of Accounting and Economics*, 1995 (7): 85-107.

[193] Healy P. M., Wahlen. J. M. A Review of the Earnings Management Literature and its Implications for Standard Setting. *Accounting Horizons*, 1999 (4): 365-383.

[194] Heaton J. B. , Heaton J. B. Managerial Optimism and Corporate Finance. *Financial Management*, 2002 (31): 33-45.

[195] Heshmati A. The Dynamics of Capital Structure: Evidence from Swedish Micro and Small Firms. *Research in Banking and Finance*, 2001, 2 (1): 199-241.

[196] Holmstrom B. , Weiss. L. Managerial Incentives, Investment and Aggregate Implications. *Review of Economic Studies*, 1985 (52): 403-426.

[197] Israel R. Capital Structure and the Market for Corporate Control: The Defensive Role of Debt Financing. *Journal of Finance*, 1991, 46 (4): 1391-1409.

[198] Jaffee D. M. , Russell T. Imperfect Information, Uncertainty, and Credit Rationing. *Quarterly Journal of Economics*, 1976, 90 (4): 651-666.

[199] Jensen M. The Modern Industrial Revolution, Exit, and the Failure of Internal Control Systems. *Journal of Finance*, 1993 (48): 831-880.

[200] Jensen M. C. , Meckling. W. H. Theory of the Firm: Managerial Behavior, Agency Costs and Ownership Structure. *Journal of Financial Economics*, 1976, 3 (4): 305-360.

[201] Jones Jennifer J. Earnings Management During Import Relief Investigations. *Journal of Accounting Research*, 1991, 29 (2) .

[202] Jensen M. C. , Meckling W. H. Theory of the Firm: Managerial Behavior, Agency Costs, and Ownership Structure. *Journal of Financial Economics*, 1976, 3 (4): 305-360.

[203] Julio D. , Yook Y. Political Uncertainty and Corporate Investment Cycles. *Journal of Finance*, 2012, 67 (1): 45-83.

[204] Kahneman D. , Tversky A. Prospect Theory: An Analysis of Decision Making Under Risk. *Econometrica*, 1979, 47 (2): 263-291.

[205] Kashyap A. K. , Lamont O. A. , Stein J. C. Credit Conditions and the Cyclical Behavior of Inventories. *Quarterly Journal of Economics*, 1994, 109 (3): 565 - 592.

[206] Kang W. , Lee K. , Ratti R. A. Economic Policy Uncertainty and Firm-level Investment. *Journal of Macroeconomics*, 2014, 39: 42 - 53.

[207] Kashyap A. K. , Lamont O. A. , Stein J. C. Credit Conditions and the Cyclical Behavior of Inventories. *Quarterly Journal of Economics*, 1994, 109 (3): 565 - 592.

[208] Kelly S. A Binomial Lattice Approach for Valuing a Mining Property IPO. *Quarterly Review of Economics & Finance*, 1998, 38 (3): 693 - 709.

[209] Kogut B. , Kulatilaka N. Operating Flexibility, Global Manufacturing, and the Option Value of a Multinational Network. *Management Science*, 1994, 40 (1): 123 - 139.

[210] Kein D. W. Evidence on the Relation Between Corporate Governance Characteristic and Quality of Financial Reporting. *Asia-Pacific Journal of Accounting and Economics*, 2008 (6): 35 - 38.

[211] Kleer Robin. Government R&D Subsidies as a Signal for Private Investors. *Research Policy*, 2010, 39 (10): 1361 - 1374.

[212] Klein A. , Marquardt C. A. Fundamentals of Accounting Losses. *The Accounting Review*, 2006, 81: 179 - 206.

[213] Korajczyk R. , Levy A. Capital Structure Choice: Macroeconomic Conditions and Financial Constraints. *Journal of Financial Economics*, 2003, 68: 75 - 109.

[214] Lambert R. , Leuz C., Verrecchia. R. Accounting Information, Disclosure, and the Cost of Capital. *Journal of Accounting Research*, 2007, 45 (2): 385 - 420.

［215］ Leary M. T. Bank Loan Supply，Lender Choice，and Corporate Capital Structure. *The Journal of Finance*，2009，64（3）：1143－1185.

［216］ Leary M. T.，Roberts M. R. Do Firms Rebalance Their Capital Structures? . *Journal of Finance*，2005，60（6）：2575－2619.

［217］ Lee I.，Lochhead S.，Ritter J.，Zhao Q. The Costs of Raising Capital. *Journal of Financial Research*，1996，19（1）：59－74.

［218］ Lemmon M.，Roberts M. R. The Response of Corporate Financing and Investment to Changes in the Supply of Credit. *Journal of Financial and Quantitative Analysis*，2010，45（3）：555－587.

［219］ Lenos T. Real Options：Managerial Flexibility and Strategy in Resource Allocation. *Finance*，1997.

［220］ Luke C. D. Stein，Elizabeth C. Stone. The Effect of Uncertainty on Investment，Hiring，and R&D：Causal Evidence from Equity Options. Working Paper，2012（11）.

［221］ Magrath L.，Weld L. Abusive Earnings Management and Early Warning Sign. *The CPA Journal*，2002（72）：52－54.

［222］ Mario Quagliariello. Macroeconomic Uncertainty and Banks' Lending Decisions：The Case of Italy. *General Information*，2007，41（3）：323－336.

［223］ Maksimovic，V. Capital Structure in Repeated Oligopolies. *Rand Journal of Economics*，1988，19（3）：389－407.

［224］ Mcdonald R.，Siegel D. The Value of Waiting to Invest. *Quarterly Journal of Economics*，1986，101（4）：707－728.

［225］ Miller M. H. Debt and Taxes. *Journal of Finance*，1977，32（2）：261－275.

［226］ Murphy K. J. Corporate Performance and Managerial Remuneration：An Empirical Analysis. *Journal of Accounting & Economics*，1985，7（1）：

11 - 42.

[227] Myers S. C. Determinants of Corporate Borrowing. *Journal of Financial Economics*, 1976, 5 (2): 147 - 175.

[228] Myers S. C., Majluf N. S. Corporate Financing Decisions When Firms Have Investment Information that Investors Do Not. *Journal of Financial Economics*, 1984.

[229] Miller D., Friesen P. H. Innovation in Conservative and Entrepreneurial Firms: Two Models of Strategic Momentum. *Strategic Management Journal*, 1982, 3 (1): 1 - 25.

[230] Mishkin F., Eakins S. *Financial Markets and Institutions*. Boston: Addison Wesley, 2003.

[231] Modigliani F., Miller M. H. The Cost of Capital, Corporation Finance and the Theory of Investment. *The American Economic Review*, 1958, 48 (3): 261 - 297.

[232] Narayanan M. P. Managerial Incentives for Short-Term Results. *Journal of Finance*, 1987, 42 (4): 1469 - 1484.

[233] Odean T. Do Investors Trade Too Much?. *American Economic Review*, 1999, 89 (5): 1279 - 1298.

[234] Panousi V., Papanikolaou D. Investment, Idiosyncratic Risk, and Ownership. *Journal of Finance*, 2012, 67 (3): 1113 - 1148.

[235] Pastor L., Veronesi P. Rational IPO Waves. *Journal of Finance*, 2011, 60 (4): 1713 - 1757.

[236] Robichek A. A., Myers S. C. Conceptual Problems in the Use of Risk-Adjusted Discount Rates. *Journal of Finance*, 1966, 21 (4): 727 - 730.

[237] Rodrik D. Policy Uncertainty and Private Investment in Developing Countries. NBER Working Papers, 1989, 36 (2): 229 - 242.

[238] Ross S. A. The Determination of Financial Structure: The

Incentive-Signalling Approach. *Bell Journal of Economics*, 1977, 8 (1): 23-40.

[239] Roumiantsev S., Netessine S. Should Inventory Policy Be Lean or Responsive? Evidence for US Public Companies. *SSRN Electronic Journal*, 2005.

[240] Ramalingegowda S., Yu Y. Institutional Ownership and Conservatism. *Journal of Accounting and Economics*, 2012 (53): 98-114.

[241] Showalter D. M. Oligopoly and Financial Structure: Comment. *American Economic Review*, 1995, 85 (3): 647-653.

[242] Smith J. E., Nau R. F. Valuing Risky Projects: Option Pricing Theory and Decision Analysis. *Management Science*, 1995, 41 (5): 795-816.

[243] Stein J. C. Rational Capital Budgeting in an Irrational World. *Journal of Business*, 1996, 69 (4): 429-455.

[244] Stulz R. Managerial Discretion and Optimal Financing Policies. *Journal of Financial Economics*, 1990, 26 (1): 3-27.

[245] Schipper K. Commentary on Earnings Management. *Accounting Horizons*, 1989 (4): 91-102.

[246] Siew Hong Teoh, Ivo Welch, T. J. Wong. Earnings Management and the Long-Run Market Performance of Initial Public Offerings. *Journal of Finance*, 1998 (6): 1935-1974.

[247] Strebulaev I. A. Do Tests of Capital Structure Theory Mean What They Say?. *Journal of Finance*, 2007 (62): 1747-1787.

[248] Stephen Bond, Jason G. Cummins. The Stock Market and Investment in the New Economy: Some Tangible Facts and Intangible Fictions. *Brooking Papers on Economic Activity*, 2004 (1): 61-107.

[249] Sweeney A. P. Debt-Covenant Violations and Managers' Accounting Responses. *Journal of Accounting Research*, 2003 (3): 22-25.

［250］ Talavera O.， Shivdasani A.， Stefanescu I. How Do Pensions Affect Capital Structure Decisions? . *Review of Financial Studies*，2010（23）：1287－1323.

［251］ Tsapin A.， Zholud O. Macroeconomic Uncertainty and Bank Lending：the Case of Ukraine. *Economic Systems*，2012，36（2）：279－293.

［252］ Titman S. The Effect of Capital Structure on a Firm's Liquidation Decision. *Journal of Financial Economics*，1984，13（1）：137－151.

［253］ Vastag G.， Whybark D. C. Inventory Management：Is There a Knock-on Effect? . *International Journal of Production Economics*，2005，93－94（1）：129－138.

［254］ Valipour H.， Moradbeygi M. Corporate Debt Financing and Earning Quality. *Journal of Applied Finance and Banking*，2011（1）：139－157.

［255］ W. N. Davidson，P. Theodore，S. Andrew. A Golden Parachutes，Board and Committee Composition and Shareholder Wealth. *Financial Review*，2010（33）：17－32.

［256］ Watts R. L.， Zimmenerman J. L. Positive Accounting Theory：A Ten Year Perspective. *The Accounting Review*，1990（65）：131－156.

［257］ Welch I. Capital Structure and Stock Returns. *Journal of Political Economy*，2004（112）：106－131.

［258］ Yan C. S.， Céspedes L. F. The Impact of Uncertainty Shocks in Emerging Economies. *Journal of International Economics*，2013，90（2）：316－325.

［259］ Zhang G.， Han J.， Pan Z.， Huang H. Economic Policy Uncertainty and Capital Structure Choice：Evidence from China. *Economic Systems*，2015，39（3）：439－457.

附录

月度中国经济政策不确定性指数介绍

说明：本附录的所有信息均来自 http：//www. policyuncertainty. com/china_monthly. html。中文部分是本书作者根据网站英文翻译而来；英文为网站原文。

月度中国经济政策不确定性指数

为衡量中国的经济政策不确定性，我们构建了比例频率计数法对香港主要英文报纸《南华早报》（SCMP）上有关经济政策不确定性的文章进行计数。该方法遵循美国和其他国家经济政策不确定性的新闻指数。

首先，我们识别出《南华早报》中有关中国经济不确定性的所有文章，是通过标记以下文章，即以下三个中国经济不确定性术语集【（中国，中国的），（经济，经济的），（不确定性，不确定的）】至少包含每个术语集的一个术语。其次，我们识别出中国经济不确定性文章中同时也讨论政策问题的文章。为此，我们要求将文章通过以下文本过滤：【（政策，开支，预算，政治，利率或改革），（政府或北京或当局）】，或税收，或法规，或监管，或中央银行，或中国人民银行，或赤字，或世贸组织。我们使用这种复合文本过滤机制，因为它在我们的审核研究中胜过了其他简单方法。再次，我们将上述步骤应用于自 1995 年以来《南华早报》出版的每篇文章的自动搜索中。该自动搜索将产生关于《南华早报》经济政策不确定性文章的月度频率计数。最后，我们用月度频率计数除以当月《南华早报》所有文章数。然后，通过使用乘数因子，我们将从 1995 年 1 月到 2011 年 12 月所得的序列标准化为平均值为 100 的结果序列。

用几个例子来阐明复合文本过滤机制。如果一篇文章既包含“政策”又包含“政府”，我们认为它至少在一定程度上与政府政策有关。因此，如果它也包含上述中国经济不确定性术语集中每个术语集的一个词，那么该文章将进入我们对经济政策不确定性的频率计数。然而，“政策”一词不足以将一篇文章视为政策不确定性，该文章还必须包含“政府”“北京”或“当局”之一。我们的文本过滤机制中的某些其他术语，例如“税收”或“制度”等不涉及复合要求。我们依据我们的审核研究确定何时应用复合过滤机制。

我们的审核研究涉及来自《南华早报》满足中国经济不确定性术语集的所有文章中的 500 篇随机样本文章。采样周期为 1995 年 1 月至 2012 年 2 月。我们对所有 500 篇样本文章进行人工阅读来评估各种文本过滤机制的准确性。在评估准确性时，我们认为人工阅读产生的分类是正确的。

根据人工阅读，500 篇样本中的 492 篇涉及中国经济不确定性。其余 8 篇文章被自动搜索方法错误地标记为与中国经济不确定性有关。也就是说，中国经济不确定性术语集过滤机制对有关中国经济不确定性会产生一个极小的正误差率。

使用自动化方法进一步将文章归类为是否经济政策不确定性更具挑战性。然而，在这里，我们偏好的文本过滤机制（如上所述）也能反馈较好的结果：

• 自动搜索方法产生的经济政策不确定性计数与季度时间序列数据中的真实计数（人工阅读）呈现出 0.82 的相关性。

• 自动搜索方法产生的净误差率与季度时间序列数据的真实计数几乎不相关（—0.15）。

• 自动化方法产生的总体正误差率为 0.11，总体负误差率为 0.21。

China Monthly Index

To measure economic policy uncertainty for China, we construct a scaled frequency count of articles about policy-related economic uncertainty in the South China Morning Post (SCMP), Hong Kong's leading English-language newspaper. The method follows our news-based indexes of economic policy uncertainty for the United States and other countries.

First, we identify SCMP articles about economic uncertainty pertaining to China by flagging all articles that contain at least one term from each of the China EU term sets: {China, Chinese} and {economy, economic} and {uncertain, uncertainty} . Second, we identify the subset of the China EU articles that also discuss policy matters. For this purpose, we require an article to satisfy the following text filter: { {policy or spending or budget or political or interest rates or reform} and {government or Beijing or authorities} } or tax or regulation or regulatory or central bank or People's Bank of China or PBOC or deficit or WTO. We use this compound filter because it outperforms simpler alternatives in our audit study. Third, we apply these requirements in an automated search over every SCMP article published since 1995. This automated search yields a monthly frequency count of SCMP articles about policy-related economic uncertainty. Fourth, we divide the monthly frequency count by the number of all SCMP articles in the same month. We then normalize the resulting series to a mean value of 100 from January 1995 to December 2011 by applying a multiplicative factor.

A few examples clarify how the compound text filter works. If an article includes both "policy" and "government", we regard it as at least partly about government policy. Therefore, if it also contains a word in each of the China EU term sets described above, the article enters our frequency count for eco nomic policy uncertainty. However, the word "policy" is not sufficient for an article to count as policy uncertainty; the article must also contain one of "government", "Beijing" or "authorities" . Certain other terms in our text filter — e.g., "tax" or "regulation" — do not involve a compound requirement. We determined when to apply a compound requirement based on our audit study.

Our audit study considers 500 randomly sampled articles drawn from the universe of SCMP articles that satisfy the China EU term sets. The sampling period is January 1995 to February 2012. We subject all 500 sampled articles to human readings to evaluate the accuracy of various text filters. In assessing accuracy, we regard the classifications produced by the human readings as correct.

According to the human readings, 492 of the 500 sampled articles pertain to economic uncertainty for China. The remaining 8 articles were incorrectly flagged by the automated search method as pertaining to economic uncertainty for China. In other words, the China EU term sets produce a very small false positive error rate for economic uncertainty pertaining to China.

Using automated methods to further classify the articles as about policy-related economic uncertainty, or not, is more challenging. Here as well, however, our preferred text filter (described above) produces good results:

• The policy-related economic uncertainty count produced by automated search methods exhibits a correlation of 0.82 with the true count (human reading) in quarterly time-series data.

• The net error rate produced by automated search methods is nearly uncorrelated (—0.15) with the true count in quarterly time-series data.

• The overall false positive rate produced by the automated method is 0.11. The overall false negative rate is 0.21.

Reference:

Baker Scott, Nicholas Bloom, Steven J. Davis. Measuring Economic Policy Uncertainty. *Quarterly Journal of Economics*, 2015.

Baker Scott，Nicholas Bloom，Steven J. Davis，Xiaoxi Wang. A Measure of Economic Policy Uncertainty for China. work in progress，University of Chicago，2013.

后　记

本书是在我的前期论文基础上修改而成，论文完成于2018年初。书中内容不再赘述。出版几经波折，文中部分数据没来得及进一步更新，甚为抱歉。

本书得以形成，最应该感谢的是导师吴晓求教授。吴老师睿智勤奋，富有远见而思维缜思，鼓励我保持一颗向上求索的心，让我永远感恩！

工作学习中，需要感谢的人太多。中国人民大学财政金融学院、中国资本市场研究院（原金融与证券研究所）、重阳金融研究院的同仁们对我的帮助，我都铭记在心。

写作过程中，我得到诸多好友的帮助，也离不开家人和挚友的理解、鼓励与支持，在此深表感谢！

深有感触的是，书稿的完成，不是登上了学术研究的小山峰，仅仅是刚迈入学术研究的门槛而已。未知的东西越来越多。

无论如何，探索适合自己方式，并勤勉向前。

刘庭竹

中国人民大学重阳金融研究院图书出版系列

一、智库新锐作品系列

王文，贾晋京，刘玉书，王鹏. 百年变局. 北京：北京师范大学出版社，2020.

王文，刘玉书. 数字中国：区块链、智能革命与国家治理的未来. 北京：中信出版集团，2020.

二、智库作品系列

吴晓求. 探讨中国发展之路——吴晓求对话九位国际顶级专家. 北京：中国经济出版社，2020.

庄毓敏. 成就、思考、展望——名家解读新中国 70 年辉煌成就. 北京：中国经济出版社，2020.

王文，周洛华. 货币主权：金融强国之基石. 北京：中国金融出版社，2020.

王文，谢尔盖・格拉济耶夫. 开启亚欧新时代：中俄智库联合研究两国共同复兴的新增量. 北京：人民出版社，2019.

王文，贾晋京，卞永祖. 大金融时代——走向金融强国之路. 北京：人民出版社，2019.

吴晓求. 中国改革开放 40 年与中国金融学科发展. 北京：中国经济出版社，2019.

格拉济耶夫. 最后 场世界大战 美国挑起与输掉的战争. 北京：世界知识出版社，2019.

中国人民大学重阳金融研究院. 强国与富民. 北京：中国人民大学出版社，2019.

王文. 强国长征路：百国调研归来看中华复兴与世界未来. 北京：中共中央党校出版社，2019.

刘伟. “一带一路”这五年的故事（7 本六大语种）. 北京：外文出版社，2019.

周洛华. 货币起源. 上海：上海财经大学出版社，2019.

罗思义. 别误读中国经济. 天津：天津人民出版社，2019.

王文. 看好中国 英文版. 英国莱斯出版社，2018.

刘伟. 中国改革大趋势. 北京：人民出版社，2018.

程诚. 造血金融与一带一路：中非发展合作新模式. 北京：中国人民大学出版社，2018.

王利明. 新丝路、新格局——全球治理变革的中国智慧. 北京：新世界出版社，2018.

陈晨晨. 富豪政治的悖论与悲喜. 北京：世界知识出版社，2018.

郭业洲. “一带一路”民心相通. 北京：人民出版社，2018.

王文. 看好中国：一位智库学者的全球演讲. 北京：人民出版社，2017.

何亚非. 风云激荡的世界. 北京：人民出版社，2017.

刘伟. 读懂“一带一路”蓝图. 北京：商务印书馆，2017.

王文，刘英. 金砖国家：新全球化发动机. 北京：新世界出版社，2017.

费伊楠，中国人民大学重阳金融研究院. 全球治理新格局——G20 的中国贡献与未来展望. 北京：新世界出版社，2017.

刘伟. “一带一路”故事系列丛书（7 本 6 大语种）. 北京：外文出版社，2017.

何伟文. 世界新平庸　中国新思虑. 北京：科学出版社，2017.

王义桅. 一带一路：中国崛起的天下担当. 北京：人民出版社，2017.

刘戈. 在危机中崛起：美国如何实现经济转型. 北京：中信出版集团，2017.

中国人民大学重阳金融研究院，中国人民大学生态金融研究中心. 绿色金融与“一带一路”. 北京：中国金融出版社，2017.

中国人民大学重阳金融研究院. 破解中国经济十大难题. 北京：人民出版社，2017.

王文. 伐谋：中国智库影响世界之道. 北京：人民出版社，2016.

王文，贾晋京. 人民币为什么行. 北京：中信出版集团，2016.

中国人民大学重阳金融研究院. 中国—G20（大型画册）. 北京：五洲传播出版社，2016.

中国人民大学重阳金融研究院. G20 问与答. 北京：五洲传播出版社，2016.

辛本健. 全球治理的中国方案. 北京：机械工业出版社，2016.

中国人民大学重阳金融研究院. “一带一路”国际贸易支点城市研究（英文版）. 北京：新世界出版社，2016.

中国人民大学重阳金融研究院. 2016：G20 与中国（英文版）. 北京：新世界出版社，2016.

王义桅. 世界是通的——“一带一路”的逻辑. 北京：商务印书馆，2016.

罗思义. 一盘大棋——中国新命运的解析. 南京：江苏凤凰文艺出版社，2016.

王文. 美国的焦虑：一位智库学者调研美国手记. 北京：人民出版社，2016.

中国人民大学重阳金融研究院. 2016：G20 与中国. 北京：中信出版集团，2016.

中国人民大学重阳金融研究院. “一带一路”国际贸易新格局：“一带一路”智库研究蓝皮书 2015—2016. 北京：中信出版集团，2016.

中国人民大学重阳金融研究院. G20 与全球治理：G20 智库蓝皮书 2015—2016. 北京：中信出版集团，2015.

中国人民大学重阳金融研究院. “一带一路”国际贸易支点城市研究. 北京：中信出版集团，2015.

黑尔佳·策普-拉鲁什，威廉·琼斯. 从丝绸之路到欧亚大陆桥. 南京：江苏人民出版社，2015.

王永昌. 财富新时代——如何激活百姓的钱. 北京：中国经济出版社，2015.

陈雨露. 生态金融的发展与未来. 北京：人民出版社，2015.

绿色金融工作小组. 构建中国绿色金融体系. 北京：中国金融出版社，2015.

王义桅. “一带一路”机遇与挑战. 北京：人民出版社，2015.

庞中英. 重塑全球治理——关于全球治理的理论与实践. 北京：中国经济出版社，2015.

徐以升. 金融制裁——美国新型全球不对称权力. 北京：中国经济出版社，2015.

陈雨露. 大金融与综合增长的世界——G20 智库蓝皮书 2014—2015. 北京：中国经济出版社，2014.

中国人民大学重阳金融研究院. 欧亚时代——丝绸之路经济带研究蓝皮书 2014—2015. 北京：中国经济出版社，2014.

中国人民大学重阳金融研究院. 重新发现中国优势. 北京：中国经济出版社，2014.

中国人民大学重阳金融研究院. 谁来治理新世界——关于 G20 的现状与未来. 北京：社会科学文献出版社，2014.

三、学术作品系列

刘庭竹. 经济政策不确定性与微观企业行为研究. 北京：中国人民大学出版社，2020.

刘伟. “一带一路”大百科. 武汉：崇文书局，2019.

马中，周月秋，王文. 中国绿色金融发展报告 2019. 北京：中国金融出版社，2019.

吕冰洋. 轻与重：中国税收负担全景透视. 北京：中国金融出版社，2019.

马中，周月秋，王文. 中国绿色金融发展报告 2018. 北京：中国金融出版社，2018.

吴晓求. 全球视野下的金融学科发展. 北京：中国金融出版社，2018.

王文，翟永平. “一带一路”投资绿色标尺. 北京：人民出版社，2018.

王文，翟永平. “一带一路”投资绿色成本与收益核算. 北京：人民出版社，2018.

马中，周月秋，王文. 中国绿色金融发展报告 2017. 北京：中国金融出版社，2018.

刘志洋，宋玉颖. 互联网金融风险与监管研究. 北京：中国金融出版社，2017.

郑志刚. 从万科到阿里——分散股权时代的公司治理. 北京：北京大学出版社，2017.

中国人民大学重阳金融研究院. 金融杠杆与宏观经济：全球经验及对中国的启示. 北京：中国金融出版社，2017.

马勇. DSGE 宏观金融建模及政策模拟分析. 北京：中国金融出版社，2017.

朱澄. 金融杠杆水平的适度性研究. 北京：中国金融出版社，2016.

马勇. 金融监管与宏观审慎. 北京：中国金融出版社，2016.

庄毓敏，陆华强，黄隽. 中国艺术品金融 2015 年度研究报告. 北京：中国金融出版社，2016.

四、金融下午茶系列

董希淼. 有趣的金融. 北京：中信出版集团，2016.

刘志勤. 插嘴集. 北京：九州出版社，2016.

刘志勤. 多嘴集. 北京：九州出版社，2014.

中国人民大学重阳金融研究院. 金融是杯下午茶. 北京：东方出版社，2014.